Bernd A. Mertz

DIE KUNST WAHR-ZU-SAGEN

Bernd A. Mertz

DIE KUNST WAHR-ZU-SAGEN

Das Mertz-System der Punktierkunst

mvg

Die Deutsche Bibliothek – CIP-Einheitsaufnahme

Mertz, Bernd A.:
Die Kunst, wahrzusagen : das Mertz-System der Punktierkunst
/ Bernd A. Mertz. – Landsberg am Lech : mvg-verl., 1997
(mvg-Paperbacks ; 559)
ISBN 3-478-08559-4
NE: GT

Umschlaggestaltung: Vierthaler & Braun, München
Satz: FotoSatz Pfeifer, Gräfelfing/München
Druck- und Bindearbeiten: Presse-Druck Augsburg
Printed in Germany 080559/297502
ISBN 3-478-08559-4

Inhalt

Eine kurze Einführung

Was war? Was ist? Was kommt?

Das sind drei der immer wieder gestellten Fragen in der Geschichte der Menschheit. Diese Fragen, die Antworten erheischen, beschäftigten die Menschen seit sechstausend Jahren und führten dazu, daß für Antwortsuchende stets neue Systeme erfunden wurden. Einige dieser Systeme haben sich durchaus bewährt. Denken wir an das *I Ging*, das aus China stammt; denken wir an die *Zahlenmagie* des PYTHAGORAS, an die *Astrologie* oder an die großen Arcana des *Tarot*. Denken wir an die *Handdeutung* oder an das *Kartenlegen*. Ganz obenan stand lange Zeit hindurch die *Punktierkunst*, die vor allem von den Arabern entwickelt und ausgeübt wurde und sich schnell über die Welt verbreitete.

Alle genannten Systeme wurden häufig als Aberglaube verbannt, aber alle haben diese Vorwürfe überlebt, weil die Erfahrung gezeigt hat, daß sich die über diese Systeme gewonnenen Ergebnisse sehen lassen konnten. Manches geriet in Vergessenheit wie die arabische Punktierkunst, aber auch dieses System gewinnt zur Zeit immer mehr Freunde, weil es einfach, klar und einleuchtend ist.

Wir wollen mit dem vorliegenden Buch der alten orientalischen Kunst wieder dazu verhelfen, genutzt zu werden. Allerdings verbinden wir diese Kunst mit der Magie der Zahlen, weil erst so Antworten gewonnen werden können, die in die Tiefe gehen.

Es ist nicht neu, zwei Orakelsysteme – »Orakel« heißt »Antwort« – zu vereinen, um bessere Resultate zu bekommen. Manche Astrologen legen das Horoskop mit Tarotkarten aus, um das Bildhafte besser zu erkennen, das *I Ging* wie das *Kartenlegen* werden gerne durch die Zahlenkunde erweitert, und Handdeuter/innen ziehen oft das Horoskop zur Beratung hinzu.

Wir wollen also die orientalische Kunst des Wahrsagens, die auf der *Punktierkunst* beruht, mit der *Zahlenmagie* verbinden, wenn auch die Punktierkunst etwas stärker im Vordergrund stehen dürfte. Das System ist verblüffend einfach; man braucht für beide Künste (Punktierkunst und Zahlenmagie) wirklich nur Papier und Bleistift. Wer diese Art des Wahrsagens zuerst ausprobieren und später ausüben will, benötigt keine Vorkenntnisse. Es wird kein langes Studium erforderlich sein. Was die Ausübenden allerdings mitzubringen haben, ist eine gewisse Intuition, also Einfallskraft und psychologisches Einfühlungsvermögen. Auch eine geschulte Menschenkenntnis ist hilfreich, obwohl die sich nach einer Übungszeit von selbst einstellen dürfte. Was sonst noch gebraucht wird, ist in diesem Buch nachzulesen.

1

Von der Geomantie zur Punktierkunst

Wie alles anfing, weiß man nicht genau.

Anzunehmen ist: Es begann mit Erdbeben und Überschwemmungen. Dort, wo die Erde ständig bebte, konnten sich die Menschen kaum niederlassen. Auch dort nicht, wo immer wieder Flüsse über die Ufer traten oder das Meer das Land wegspülte und so den Menschen ihren Lebensraum nahm.

Solche Orte wurden gemieden, sie galten in der heidnischen Zeit schlichtweg als »verfluchte Orte« – später als Orte des Teufels. Aber es gab auch Orte, die beste Lebensvoraussetzungen boten. Orte der Kraft, wie wir sie heute noch nennen. Orte, an denen Heilquellen zutage traten, Orte, in denen man eine besondere Luft spürte (heute Luftkurorte). Orte, von denen man sagte, daß eine schöne Landschaft das Glück anzieht. Orte, die Erholung brachten – etwa in großen Waldgebieten gelegen, oder Orte, die eine besondere Aussicht boten, auch zum Himmel, wo man dann den Göttern nahe sein konnte.

Je mehr der Mensch nicht nur dachte, sondern forschte, desto genauer versuchte er seine Erde zu erkunden, und das war im Grunde der Beginn der Geomantie.

»Geomantie« heißt »Erdwahrsagung«.

Der Name kommt aus dem Griechischen, und er ist zusammengesetzt aus dem Wort »Geo« (was auch an die Urerdmutter Gäa erinnert) für »Erde« sowie aus dem Wort »Mantie«, was soviel wie »wahrsagen« oder »sehen« heißt.

Die Geomantie entwickelte sich zur Wissenschaft. Systematisch wurden in Ägypten, in Griechenland oder in China Forschungen angestellt, nicht nur um Gegenden zu finden, wo sich Menschen ansiedeln konnten, sondern um an Plätzen mit einer besonderen Kraft heilige Orte zu gründen, die schließlich als Wallfahrtsstätten dienten.

Das gilt auch für Delphi, wo aufgrund dieser Kenntnisse das wichtigste Orakel der Welt entstand.

Es war ein Ort, wo alle vier Elemente harmonisch zusammentrafen – also Erde, Luft, Feuer und Wasser –, und wo – so nahm man an – göttliche Tiere hausten wie zum Beispiel die Pythonschlange, die nur von einem Gott – von Apoll – besiegt werden konnte. Die Schlange war jedoch ein Mondsymbol, das immer wieder neues Leben garantierte und damit zum Symbol der Hoffnung wurde. Heute kennen wir unzählige, auch christliche Wallfahrtsorte, die alle nach den Erkenntnissen der Geomanten (ein Geomant war jemand, der sich mit Geomantie beschäftigte) als Orte der Kraft angesehen wurden. Solche Orte waren neben Delphi der Platz der Pyramiden in Giseh und Karnak in Mittelägypten, wo man den heiligen See anlegte und einen riesigen Tempel errichtete. Dazu gehören der Berg Athos sowie der Sinai, die Berge Kailash, Meru und Arunchala in Indien und die Verbotene Stadt in Peking, um einige Beispiele zu nennen. Das englische Stonehenge, die Externsteine, Aachen, Reims oder Chartres können wir dazuzählen.

Die Geomantie entdeckte später die »Leys« (so benannt von Alfred Watkins, der diese Linien in der Landschaft seiner Heimat Herefordshire fand), sogenannte Landschaftslinien. Auf diesen lagen und liegen den Geomanten zufolge prähistorische Steine, alte Ritualplätze, frühe heilige Stätten, Kirchenbauten oder Kultorte.

Man nannte die Geomantie auch die Astrologie der Erde, nur konnte der Mensch die Erde verändern – den Himmel nicht. Und man stellte fest, daß manche Orte ihre Kraft verloren – wie etwa Delphi. Die Energie ließ nach, das Orakel verstummte, wofür es ein literarisches Zeugnis gibt. Noch dreihundertsechzig Jahre nach Beginn unserer Zeitrechnung versuchte Kaiser Julian (der Abtrünnige genannt), die Religion in Delphi aufrechtzuerhalten. Aber dem Abgesandten des Kaisers soll die Pythia folgenden Spruch mit auf den Weg gegeben haben:

»Sag es dem Herrscher, zerstört ist die kunstgesegnete Stätte, Phoibos [als Beiname des Apoll genannt] hat keine Heimstatt mehr und keinen prophetischen Lorbeer. Nicht mehr dient ihm die Quelle.« Delphi hatte seine Kraft, seine Ausstrahlung und Anziehung verloren.

Heute versuchen Pendler und Rutengänger, mittels der Radiästhesie neue oder wiederentdeckte Orte auszumachen. Ganz besonders wird diese Kunst der Geomantie wieder in China gepflegt. Die Geomantie heißt dort Feng Shui. Feng Shui ist »eine vielfältig zusammengesetzte Mischung von gesundem Menschenverstand, verfeinerter Ästhetik und mystischer Philosophie« (Derek Walters). Damit soll die Vollendung der Harmonie im menschlichen Umfeld, wozu auch Wohn- und Lebensbereich gehören, angestrebt werden. »Feng« und »Shui« bedeuten »Wind« und »Wasser«. Wind und Wasser aber bringen entweder (vereinfacht ausgedrückt) gute oder weniger gute, sogar schlechte Strömungen.

Die besonderen Orte der Kraft oder der Erdenergie, der Ausstrahlungen wurden früher auch als »Nabel der Welt« bezeichnet. So finden wir in Delphi den Omphalos als Symbol für den Mittelpunkt der griechischen Welt. Auf den Omphaloi (Plural von Omphalos) war immer die Nabelschnur zu sehen, die den Stein mit dem Himmel verbunden hatte. So sprachen die Mythen.

Faktisch läßt sich diese Erdwahrsagung in China bereits im neunten Jahrhundert nachweisen, wo der Gelehrte Yang Yün-sung die erste systematische Studie der Feng-Shui-Schule erstellt hatte. Bei allen realistischen Überlegungen, die dabei berücksichtigt wurden, spielte aber die religiöse Einbindung eine bedeutende Rolle. Und schon vorher zur Zeit des Konfuzius (551 bis 479 v. Chr.) schrieben »erlesene Rituale die Richtungen der Räume vor, die der Kaiser während der verschiedenen Jahreszeiten benutzen sollte, damit die Tätigkeiten des Kaisers mit den Bewegungen des Himmels übereinstimmten« (Derek Walters).

Die Geomantie, oder chinesisch: Feng Shui, wurde (besonders in China) durchaus als Wahrsagekunst aufgefaßt, denn man mußte etwas vorherbestimmen, so die künftigen »heiligen« oder auch nur die Orte, an denen Menschen leben sollten.

Es war dann nur noch logisch, daß die Erdwahrsagung eines Tages für den einzelnen Menschen genutzt wurde. Dies bezeichnet den Beginn der Punktierkunst.

Menschen waren schließlich Kinder der Mutter Erde, und was sich für die Mutter gut und nützlich erwies, konnte ja für ihre Kinder nicht schädlich sein. So beobachteten die Menschen in aller Welt nicht nur den Himmel, sondern auch ihre Erde. Sie registrierten Täler, Wälder und Wiesen, Flüsse, Berge und Seen. Sie studierten das Leben in der Wüste oder am Meer beziehungsweise im Gebirge. Dabei stand der Mensch im Vordergrund.

Denn schnell wurde bemerkt, daß die Menschen an der See sich oft völlig anders verhielten als Einsiedler im Gebirge, daß das Leben in der Wüste anders prägte als das in einer Flußlandschaft. Wer im Wald lebte, hatte einen anderen Charakter als der Mensch in der Stadt, er hatte andere Werte, andere Ziele. Jäger verhielten sich konträr zu den Ackerbauern, die Nomaden unterschieden sich von denen, die bald seßhaft wurden, und Bergsteiger dachten anders als Fischer auf dem Meer.

Die Menschen waren folglich von der Landschaft, in der sie geboren wurden, geprägt. Aber auch innerhalb derselben Landschaft gab es verschiedene Interessen, die für eine sehr individuelle Ausformung sorgten. So entstand langsam während der Jahrtausende eine Menschen- und Charakterkunde. Mit sehr viel psychologischer Einfühlung schufen dann die Araber aus all den Beobachtungen und Erfahrungen ein verblüffend einfaches System, mit Hilfe dessen sie Wünsche, Sehnsüchte, Hindernisse und Schwierigkeiten aufdecken konnten.

Die Schöpfer der Punktierkunst fanden heraus, daß auch die verschiedenen Situationen, in die Menschen gerieten, festzuhalten wären. Manche Menschen schienen frei und glücklich, andere meinten wie in einem Gefängnis zu leben, einige steuerten geraden Weges auf ihr Ziel zu, während viele die Gemeinschaft wie ihr tägliches Brot brauchten. Es gab Situationen voller Trauer oder

Illusionen, voller Glück oder Pech. Im Laufe der Zeit eroberten die Menschen die Landschaften, veränderten sie, entdeckten Weiheplätze, bauten Straßen von einem Weiheort zum anderen, regelten Flußläufe, errichteten Dämme gegen Fluten und schufen sich so ihre Welt.

Damit veränderten sich auch die Menschen, die nun die Landschaften immer vielfältiger gestalten wollten. Ohne Planung ging dies jedoch bald nicht mehr. Wenn also größere Gebiete den Lebensbedürfnissen der Menschen angepaßt werden sollten, entstanden sandkastenähnliche Modelle.

Ebenso wurden die Menschen selbst immer systematischer erfaßt, und so, wie man sie heute testet, tat man dies – in einer vielleicht primitiver wirkenden Art – früher durch das sich immer mehr verfeinernde Punktiersystem.

Die ursprüngliche Erdwahrsagung kann man als große Geomantie bezeichnen. Die für den einzelnen Menschen wäre dann die kleine Geomantie.

Die Orakelmethode, die aus der Geomantie hervorgegangen ist, stammt sicher aus Ostasien. Dort, wo Yin und Yang entdeckt wurden, wird noch heute mit den Begriffen beim Feng Shui gearbeitet. China war auch die Geburtsstätte des I Ging, und die Verwandtschaft der Punktierkunst mit dem I Ging ist nicht zu leugnen. Die Orakelkunst des I Ging war immer mit einer religiösen Grundeinstellung und Weltanschauung verbunden. (Diese

Verbindung mit der Geomantie hat Marie-Louise von Franz, eine langjährige Mitarbeiterin von C. G. Jung, auch in Westnigeria entdeckt. Dort gab es Medizinmänner, die mit ihrer Orakelkunst – es war die Geomantie – eine sehr religiös orientierte Philosophie entwickelt hatten. Ihr Orakel war also weit mehr als eine primitive oder einfache Vorhersagemethode.) Die Verwandtschaft mit dem I Ging kommt auch dadurch zum Ausdruck, daß die Geomantie denselben Zahlenrhythmus wie das I Ging aufweist.

Es ist sogar anzunehmen, daß die arabischen Wahrsager, die in der damaligen Welt als berühmte Mathematiker galten, die Punktierkunst der Geomantie aus dem I Ging mitentwickelt haben. Aus den Linien des I Ging wurden Punkte, aus den Trigrammen des I Ging Figurinen, aus den Schafgarbenstengeln Kieselsteine.

Das I Ging sagte vor allem, was getan werden mußte. An dieser Aussage lag den Chinesen viel. Das gleiche erfahren wir aus der Punktierkunst. Beide, die Punktierkunst wie das I Ging, bauen aber gleichzeitig auf einer Erkenntniserfahrung und auf dem Wahrnehmen der Ausgangslage auf.

Das I Ging begann einst mit dem Sortieren von Schafgarbenstengeln – die Geomantie mit dem Abzählen der Kieselsteine. Der Fragende nahm willkürlich einen Haufen von Steinen in eine seiner Hände – meist die linke Hand – und zählte dann jeweils zwei Steine ab, bis ein oder zwei Steine übrigblieben. Dies wurde mehrfach wiederholt, um den Zufall, den es eigentlich ja nicht gibt, auszuschalten.

Die Zukunft ist immer – nach einer alten Grundüberzeugung – als Same gegenwärtig. Das allein erlaubt es, die Zukunft zu befragen. Wir werden sehen, wie sich dies treffend bei der Arbeit mit den Punkten bestätigt, da meist bei der gegenwärtigen Ausgangslage beziehungsweise bei der Vergangenheit begonnen wird. ROBERT FLUDD – ein Zeitgenosse KEPLERS – glaubte fest an die Kunst der Geomantie oder die Punktierkunst. Er arbeitete sogar eine psychologische Theorie darüber aus (K. JOSTEN: »*Theory of Geomancy*«, in: »*The Journal of the Warburg & Courtauld Institute*«, Oxford 1964, Bd. 27).

Auch C.G. JUNG (nach Marie-Louise von Franz) meinte, daß die Geomantie fast wie ein westliches Äquivalent zum I Ging Asiens wäre, aber leider eben nicht zu einer umfassenden Philosophie weiterentwickelt worden ist. Marie-Louise von Franz ist aber nun der Ansicht, daß dies von den Medizinmännern in Westnigeria geleistet worden sei. Sie hätten die Kunst der Geomantie von den nördlichen islamischen Stämmen gelernt.

In der Tat wurde die Geomantie in ganz Indien sowie in der gesamten islamischen Kulturwelt bereits im zehnten und elften Jahrhundert praktiziert, von wo sie dann zusammen mit der Alchimie nach Europa kam. Sie erreichte über die islamischen Stämme Nordafrikas mit den Arabern Spanien und damit unseren Kontinent.

Um zu ergänzen: Die Medizinmänner in Westnigeria hatten den Glauben, daß es einem Gott, der Fa genannt wurde, zu verdanken war, daß diese Wahrsagetechnik zu Erfolgen führte. Der Gott Fa galt als Vater der Orakel, der sich nur an das Individuum wandte und nichts als die Wahrheit sagte. Das war seine Aufgabe. So gab es um diesen Gott, der auch keine Priester hatte, keinen Kult – er war ein Gott, dessen Macht allein die Wahrheit war.

In Nordafrika und in Europa ging man von dem Zählen der Kieselsteine ab. Die Geomanten hatten alle einen kleinen Sandkasten bei sich, mit dem sie auf ihrer Wanderschaft arbeiteten. Man ließ nun rein »zufällig« die Fragenden Punkte in den Sand drücken, und daraus entwickelte sich dann das eigentliche Punktiersystem.

Allmählich entstanden im Mittelalter verschiedene Methoden, die mit gezeichneten oder gemalten Verschmückungen arbeiteten. Schon PARACELSUS kannte die Geomantie sehr gut, auch in GOETHES Farbenlehre wird sie noch erwähnt.

Heute besteht ein echtes Bedürfnis danach, sich mit der Zukunft zu beschäftigen. Der Grund ist weniger, daß man wissen will, was kommt, sondern daß man sich richtig auf die kommenden Ereignisse einstellen möchte. Das führte dazu, daß die Astrologie heute ganz anders arbeitet, als sie es noch vor hundert Jahren tat. So verhält es sich auch bei der »Astrologie der Erde«, wie man einst die Geomantie oder Punktierkunst nannte.

Wir haben hier ein System geschaffen, das nach dem Autor Bernd A. Mertz das *Mertz-System der Punktierkunst* genannt werden kann. Es ist verbunden mit der Magie der Zahlen und höchst überraschend einfach zu handhaben. Es paßt in unsere Zeit, ist psychologisch untermauert, und es spricht – wie viele Beratungen und Seminare beweisen – die Ratsuchenden an. Dieses System ermöglicht genaue, präzise Antworten auf präzise gestellte Fragen, wie die Beispiele, die wir bringen und die alle aus der Praxis hervorgegangen sind, beweisen.

Zunächst werden Ihnen auf den folgenden beiden Seiten die Figurinen ohne Namensbezeichnung – nur mit Merknummern versehen – vorgestellt. Wählen Sie eine Figurine aus, die Ihnen – aus welchem Grund auch immer – zusagt oder die Sie anspricht. Merken Sie sich dann die betreffende Zahl.

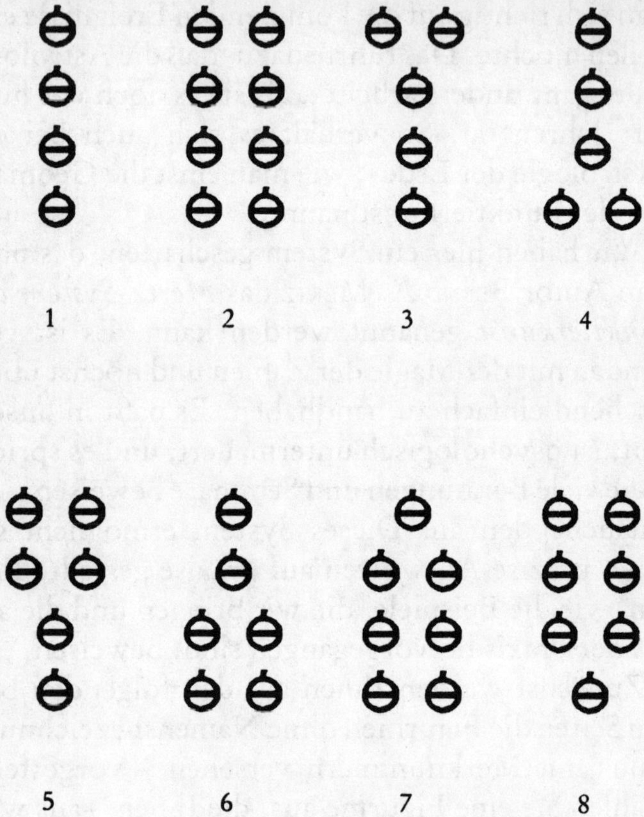
1
2
3
4
5
6
7
8

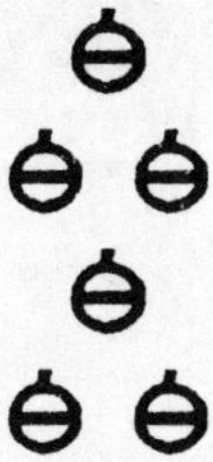

9

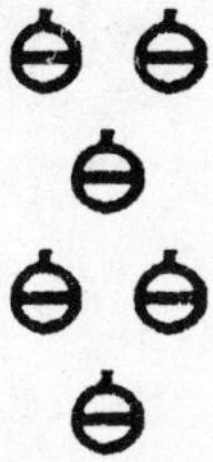

10

11

12

13

14

15

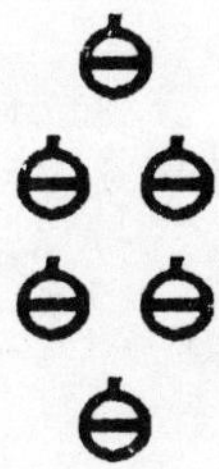

16

2

Die Figurinen – ihre Namen und ihre Entstehung

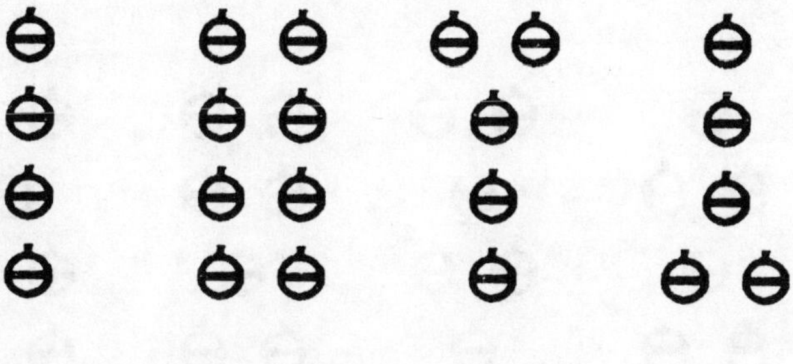

Weg Publikum Drachenkopf Drachen-schwanz

Großes Glück

Kleines Glück

Freude

Trauer

Illusion

Umkehr

Weiß

Rot

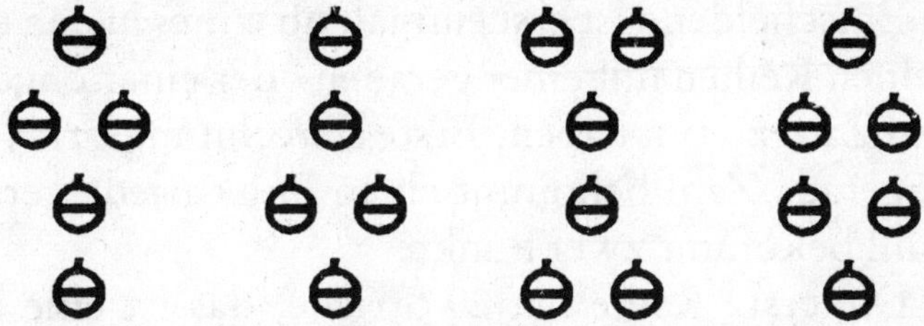

Baum Wurzel Vereinigung Gefangenschaft

Ohne schon auf die Bedeutung der einzelnen Figurinen einzugehen, wollen wir erst einmal erklären, wie man zu den Figurinen kommt.

Die Fragenden nehmen Papier und Bleistift zur Hand. Dann werden sie aufgefordert, sich auf die Frage, die sie beantwortet haben wollen, voll zu konzentrieren und gleichzeitig auf *vier* untereinanderliegenden Zeilen eine beliebige Anzahl von Strichen zu markieren.

Etwa so:

/////////////////////////////	= 29 Striche
//////////	= 10 Striche
////////////////////	= 20 Striche
///////////////////////////	= 27 Striche
	86 Striche

86 Striche ergeben eine Quersumme von 8 + 6 = 14, das ergibt 1 + 4 = 5.

Die Striche werden also Zeile für Zeile gezählt, und dann wird die Gesamtsumme errechnet – wie oben gezeigt.

Entscheidend ist erst einmal, ob wir es in den einzelnen Reihen mit einer geraden oder einer ungeraden Zahl zu tun haben. Erste Berechnungsart: Jede ungerade Zahl bekommt einen Punkt, jede gerade Zahl bekommt zwei Punkte.

Die erste Reihe hat 29 Striche, das ist eine ungerade Zahl, also gibt es hierfür einen Punkt. Die zweite Reihe weist eine gerade Zahl auf, folglich gibt es hierfür zwei Punkte. Die dritte Reihe ist eine gerade Zahl, also gibt es zwei Punkte, während die vierte Reihe eine ungerade Zahl hat, was einen Punkt ausmacht.

Erste Reihe, ungerade Zahl = ein Punkt.	⊖
Zweite Reihe, gerade Zahl = zwei Punkte.	⊖ ⊖
Dritte Reihe, gerade Zahl = zwei Punkte.	⊖ ⊖
Vierte Reihe, ungerade Zahl = ein Punkt.	⊖

Diese Figurine trägt den Namen »Gefangenschaft« (siehe Seiten 29 und 71).

Die Bedeutung der Figurine werden wir gleich erläutern, wie auch die Bedeutung der Endquersumme fünf.

Eine andere, geheimnisvoller wirkende Methode, die meist schneller zum Ziel führt, ist folgende:

Man bittet den Ratsuchenden, sich auf eine Frage zu konzentrieren und vier Zahlen zwischen 30 und 50 zu nennen.

Beispiel:

Erste Zahl	33	= ungerade: ein Punkt.	•
Zweite Zahl	48	= gerade: zwei Punkte.	• •
Dritte Zahl	41	= ungerade: ein Punkt.	•
Vierte Zahl	49	= ungerade: ein Punkt.	•
Summe:	171		

Die Quersumme von 171 ist »9« (1 + 7 = 8 + 1 = 9). Die Figurine heißt »Baum« (siehe Seiten 29 und 63).

Die gestellte Frage muß also im Sinn der Figurine, die den Namen »Baum« trägt, und im Sinn der »9« gedeutet werden. Normalerweise kommen wir mit diesen beiden Berechnungsarten aus. Aber wenn jemand öfter Fragen stellt oder wenn man ein Seminar bestreiten will, reichen diese beiden Arten nicht. Wer den Schlüssel durchschaut hat, könnte sich ja die Figurine wählen, die er bevorzugt: also etwa nur vier ungerade Zahlen wählen, was vier einzelne Punkte ergibt und damit die Figurine »Weg«.

So nennen wir von den fast unzähligen Berechnungsarten noch drei. Einmal kann der Orakler (Antwortgeber) auch den ungeraden Zahlen je zwei Punkte geben und den geraden Zahlen einen Punkt. Ferner können Zahlen mit der Endziffer von 1 bis 5 je einen Punkt und Zahlen von 6 bis 10 oder 16 bis 20 je zwei Punkte bekommen. Auch dies läßt sich umkehren: indem man den Zahlen von 1 bis 5 zwei Punkte und den Zahlen von 6 bis 10 oder 36 bis 40 einen Punkt zuordnet. Aber eines ist wichtig! Der Orakler muß bei dem einmal gewählten System bleiben, solange die Frage nicht beantwortet und damit erledigt ist. Wenn innerhalb einer Frage oder einer Situation das System gewechselt wird, klappt es nicht.

Man kann sich auch Buchstaben sagen lassen und dann nach ihrem jeweiligen Zahlenwert die Punkte bestimmen. So hat der Buchstabe B etwa den Zahlenwert 2 (gerade Zahl), der Buchstabe M den Zahlenwert 4 (gerade Zahl). Das E hat den Zahlenwert 5 (ungerade Zahl; siehe Kapitel »Die Deutung der Zahlen«, Seite 79 ff.). Wem übrigens die Arbeit mit den Quersummen zu kompliziert ist, kann sich nur auf die Figurinen konzentrieren, aber die Aussagen sind dann längst nicht so differenziert und hilfreich, wie wenn man beide Systeme zusammen zur Deutung benutzt.

3

Die Deutung der einzelnen Figurinen

Jede Figurine hat eine ganz spezielle, aus der Erfahrung gewonnene Bedeutung. Man lasse sich von den Namen der Figurinen nicht täuschen! Hinter Begriffen wie »Weiß« oder »Rot«, »Baum« oder »Wurzel« verstecken sich weiterführende oder komplexere Deutungsmöglichkeiten. Sie können sehr in die Tiefe führen und sind auch im psychologischen Sinn äußerst wertvoll. Die Deutungen sagen nicht etwa nur ja oder nein. Wahrsagen (siehe das Kapitel »Was heißt eigentlich Wahrsagen?«, Seite 185) heißt im Grunde »die Wahrheit sagen«. Die Wahrheit kann jedoch nur jeder für sich herausfinden. Der Orakler (oder Antwortgeber) fungiert ja in den meisten Fällen nur als Katalysator, der den Anstoß gibt, um die Antworten auf den rechten Weg zu bringen.

Bei der hier vorgestellten Kunst des Wahrsagens kann übrigens jede beliebige Frage gestellt werden. Die Antwort führt in der Regel zu einem Beratungsgespräch, dessen Dauer sich – abhängig von der Thematik – auf wenige Minuten beschränken oder in die Länge ziehen kann. Jedoch lautet mein Ratschlag: »In der Kürze liegt die Würze.«

Auch sei eindringlich darauf hingewiesen, daß es keine guten oder schlechten Figurinen gibt. Jede Figurine ist ein Wegweiser, der uns einen Hinweis geben soll. Jede Figurine hat ihre ganz individuelle Bedeutung, hat Helligkeit oder Schatten. Aber Helligkeit und Schatten sind gleichwertig, sowohl im genannten positiven als auch im negativen Sinn. Hinter jeder Figurine stehen uralte Erfahrungen und viel Wissen um unsere Charakterzüge. Wie GOETHE sagte: »Greift nur hinein ins volle Menschenleben!«

Weg

Die Figurine besteht als einzige nur aus vier Punkten. Dies symbolisiert bereits eine gewisse Geradlinigkeit. Der Weg soll von unten nach oben führen. Das Gewünschte wird ohne Umschweife oder Umwege angepeilt. Ich *will* etwas, das steht obenan. Ein Symbol für Zielstrebigkeit, aber auch für eine gewisse Egozentrik. Man wandelt allerdings auf einem äußerst schmalen Grat, der Gefährlichkeit beinhaltet, also ist die Absturzgefahr nicht gering einzuschätzen. Hilfe von anderen oder von irgendeiner Seite ist nicht zu erwarten. Hier wird nach der Devise gehandelt: Wer wagt – der gewinnt!

Die Figurine spricht für grundsätzliche Konsequenz, Diplomatie wird hier nicht allzuviel ausrichten können. Aber nur mit dieser Konsequenz sind letztlich Gipfel zu erreichen, nur mit vollem Einsatz kommt man dem Ziel schließlich nahe. So ist – ehe das Ziel praktisch anvisiert wird, von dem es dann kein Zurück mehr gibt – vorher zu fragen, ob die Kräfte reichen, ob nicht zuviel Substanz verlorengehen könnte. Schwierigkeiten, Hindernisse und das Wissen, daß alles allein von einem selbst abhängt – all das muß vorher bedacht werden. Wird das Ziel erreicht, dann hat sich der Einsatz gelohnt, aber es sieht eher nach russischem Roulette aus, weil auch alles verloren werden kann. (Beim russischen Roulette ist im Trommelrevolver nur eine Patrone in einer der sechs Kammern. Die Chancen, nicht getroffen zu werden, stehen eins zu fünf, daher erfordert es viel Mut, sich die Waffe an die Stirn zu setzen und abzudrücken.) So kann man folgern, hier gilt die Devise: *Alles oder nichts!*

Das ist nichts für schwache Nerven, nichts für Menschen, die leicht ins Grübeln darüber kommen, ob sie auf dem richtigen Weg sind. Aber diese Figurine zeigt Kraft, Mut, Wissen und unbedingte

Konsequenz in der Durchsetzung der Pläne. Ein Zurückblicken ist nicht erlaubt.

Sonst geht es den Menschen, die sich mit diesem Symbol auf den Weg gemacht haben, wie ORPHEUS, der seine EURYDIKE aus der Unterwelt holen wollte. Als er – ihr voraus – zum hellen Licht ging, bekam er die Weisung, Vertrauen zu haben und sich ja nicht umzudrehen. Da Orpheus keinen Laut hinter sich vernahm, ließ ihn die Angst doch zurückblikken. Er sah Eurydike, die ihm wirklich folgen durfte, die nun jedoch für immer verschwand.

Der »Weg« heißt: Selbst ist die Frau, selbst ist der Mann, Kopf voran und hindurch. Ein Symbol voller Risiken, die Krisen sind vorprogrammiert, aber ohne Schwierigkeiten kommt niemand ans Ziel, nicht einmal ein Wunderkind. Es besteht die Gefahr, Freunde zu verlieren, auch in eine Einsamkeit zu geraten, denn je höher man steigt, desto stiller wird es um einen herum.

Pläne, für die eine Lösung gesucht und für die diese Figurine als Antwort gefunden wird, sind genauestens zu bedenken!

Publikum

Die Figurine »Publikum« besteht als einzige aus acht Punkten. Sie symbolisiert auf diese Weise die größte Vielfältigkeit. Sie ist der völlige Gegensatz zur ersten Figurine.

Hier wird ein ungeheuer großes Echobedürfnis signalisiert. Alles wird für das *Du*, für die Ergänzung getan. Aber sie zeigt auch die Gefahr an, sich zwischen zwei Stühle zu setzen oder schon zu sitzen. Man ist vom Gegenüber sehr abhängig, steht jedoch mitten in der Menge, nimmt Rücksicht und hört auf das, was andere sagen. Damit wird das eigene Ziel natürlich nie erreicht, also muß auf Teamarbeit umgeschaltet werden. Außerdem haben diese Menschen Freunde und Feinde wie wir alle, aber die Feinde sollen Freunde werden. Leider lassen sich in unserem Fall Freund und Feind nicht immer genau unterscheiden. Die Figurine erschwert jede klare Entscheidung, und zwar auf allen Gebieten. Häufig steht eine Frau zwischen zwei Männern oder ein Mann zwischen zwei Frauen. Auch bei Geschäften, Plänen oder Absichten fällt die Wahl der klaren Entscheidung sehr schwer. Da jedoch diplomatisches Können vorhanden ist, dürfte manche Klippe gut umschifft werden. Es besteht dabei die Gefahr, daß die Menschen hier ihr ureigenes Ich verlieren, daß sie wie ein unsicher schwankendes Rohr im Wind wirken.

Das hat oft sein Gutes, denn in einer immer komplizierteren Welt geht es meist nicht ohne Anpassung, und die scheint hier angeboren zu sein. Wer vermitteln will, wer Leute zusammenführen mag, der ist mit dieser Figurine auf dem richtigen Weg. Das Risiko besteht allerdings darin, daß man es allen recht machen will. Das gelingt nur schwer und auch nur dann, wenn man sich stets hinten anstellt, was aber auf die Dauer ein Individualist nicht zu ertragen vermag.

Ist kein Echo vorhanden, ist man nicht nur einsam, sondern fühlt sich auf dieser Welt überflüssig. Ohne Ergänzung fällt es dann nicht leicht, über seinen Schatten zu springen. Mit den entsprechenden Partnern jedoch fühlt sich dieser Mensch wie ein munterer Fisch im Wasser, der im Schwarm mitschwimmt. Beifall ist lebensnotwendig wie die Luft zum Atmen. Da der letzte, mit dem man gesprochen hat, im allgemeinen derjenige ist, der immer recht hat, kann aus dieser Gefahr die Chance erwachsen, wirklich alle Strömungen um sich herum aufzunehmen und Gegensätze vereinen zu wollen.

Die Chance, nie allein zu sein, scheint sehr groß, und das bedeutet vielen Menschen unendlich viel!

Dafür geben sie oft alles hin – auch ihren ureigenen, individuellen Lebenskern. Als Mittelpunkt eines Kreises fühlen sich diese Personen sehr wohl, allerdings können sie allein aus diesem Kreis nicht ausbrechen. Sie gehen stets mit anderen mit. Das ist ihnen wichtiger, als sich mit einer eigenen, klar umrissenen Zielsetzung zu befassen.

So verkörpert diese Figurine eigentlich die Masse der Menschen von heute, und darauf bauen so viele Politiker und Geschäftsleute.

Drachenkopf

Diese Figurine besteht aus fünf Punkten und versinnbildlicht das »Verschlingende«. Der Drache ist eine uralte Symbolfigur für Gefahr und Mutproben. Den Drachen in sich besiegen, das galt als eine besondere Aufgabe. Der Drache am Himmel wurde für die Sonnen- oder Mondfinsternisse verantwortlich gemacht, da es hieß: Jetzt verschlingt der Drache wieder eines der beiden Lichter.

Da dem Drachen stets eine gewaltige Kraft und Macht zugeschrieben wurde, sind auch zwei Figurinen nach diesem legendären Tier aus der Urzeit benannt: der »Drachenkopf« und der »Drachenschwanz«. Zwei Bezeichnungen übrigens, die noch heute in der Astrologie ihre Verwendung finden.

Der Drachenkopf ist der Teil, der unerbittlich alles verschlingt, was sich ihm in den Weg stellt. Der Drache ist nicht zu bremsen; wenn er etwas haben will, dann nimmt er es sich. Dabei ist sein Weg oft verschwommen, ja verwirrend und unberechenbar. Die klassischen Heroen des Altertums mußten Kämpfe mit den Drachen bestehen, wenn sie erfolgreich sein und als Helden gelten wollten, ob es sich um HERAKLES (Kampf mit der Hydra) oder um SIEGFRIED (im *Nibelungenlied*) handelt. Heute meinen die Psychologen, es sei der Kampf mit dem Dunklen, der immer wieder ausgefochten werden müsse. In jedem Menschen sitze ein Drache als Symbol für die oft ungezügelten Dämonen in uns selbst. Der Drache hat einen totalen Machtanspruch! Er kennt keine Rücksicht, kein Pardon, kein Erbarmen.

Die Angriffslust unserer inneren Dämonen ist noch ungezügelt, noch ohne verwertbare Erfahrung, noch ohne Kultur. Ein Hindernis für unsere Zivilisation. Hier sind ungestüme Urkräfte symbolisiert, die erst mit innerer Reife gezähmt werden können. Es dauert, ehe man den Drachenkopf bezwungen hat, aber jeder Sieg ist nur ein scheinbarer, der Drache kann sich angriffsmutig stets von neuem melden. So ist der Drachenkopf im guten Sinn als Mahnung zu verstehen, im weniger guten Sinn als stete Gefahr, die in uns lebt. Feige ist der Drachenkopf nie. Immerhin verschlingt er – wie erwähnt – am Himmel Sonne und Mond, die für die Menschen einst Gottheiten waren. So liegt im Drachenkopf auch eine eher teuflische Kraft, die uns immer wieder herausfordert und auf die Probe stellt. Nur weiß niemand, wann die Mutprobe erforderlich ist, wann man mit Drachenmut Zivilcourage beweisen muß. So versinnbildlicht diese Figurine eine ewige Wachsamkeit vor uns selbst und vor eventuell auftretenden äußeren Feinden. Also ist der Drache auch ein Freund, wenn auch einer, der sich nur sehr schwer zügeln läßt.

Fazit: Der Drachenkopf symbolisiert eine archetypische Urkraft, die unvermittelt auftreten und manches vernichten kann. Man sitzt wie auf einem Vulkan, der jeden Moment auszubrechen vermag. Aber wenn diese Urkräfte sinnvoll gestaltet und benutzt werden, dann lassen sich damit höchste Berge erklimmen.

Drachenschwanz

Auch diese Figurine besteht aus fünf Punkten. Die Bedeutung des Drachenschwanzes ist eine völlig andere als die des Drachenkopfes. Der Drachenschwanz hat zu büßen, was vom Drachenkopf angerichtet worden ist. Der Kopf frißt, und der Schwanz muß gezwungenermaßen alles wieder hergeben. Er symbolisiert somit Buße und die Bereitschaft, Opfer zu bringen.

Auch am Himmel sieht man, wenn die Finsternis weicht, wie die Lichter Sonne und Mond am Schwanz des Drachens erneut aufstrahlen. Der Drachenschwanz signalisiert Verständnis und Reue. Aber nicht um jeden Preis. Noch hat er so viel Kraft, um sich gegen Ausnutzung zur Wehr setzen zu können. Nur ist er einsichtiger als der Kopf! Drückt man ihn jedoch an die Wand, kann er gefährlich werden, eine totale Unterwerfung ist vom Drachenschwanz – trotz aller Opferbereitschaft – nicht zu erwarten. Er signalisiert: Ich will nicht auf Kosten anderer existieren oder weiterkommen, aber mein Lebensrecht lasse ich mir auch nicht nehmen. Meist steht dieses Symbol für das Ende einer Entwicklung, für eine Bilanzierung der bisherigen Handlungen.

Hier wird auch die Sammlung aller Kräfte für den Noteinsatz signalisiert, um vielleicht noch einmal zum Befreiungsschlag auszuholen. Man kann auch sagen, daß vom Drachenschwanz die Erneuerung ausgeht, die Umkehr nach gemachten Fehlern. Und er symbolisiert gleichfalls, daß die Gefahr vorbei, daß der Drache vorübergezogen ist.

Vor Tausenden von Jahren waren die Menschen höchst erfreut, als der Drache besiegt und als der Kampf zwischen Sauriern und Säugetieren für letztere entschieden wurde. Es war der Sieg über die dämonischen Urkräfte, der damit auch die Befreiung von den eigenen Dämonen signalisierte. Erst jetzt ist es möglich, das nächste Ziel anzuvisieren, kann sich der Mensch ohne Angst niederlassen und seßhaft werden. Nun wird der Kampf gegen äußere Feinde aufgenommen, die einem – um einige Beispiele zu nennen – als Mitbewerber oder Konjunkturritter, Neider oder Schmarotzer das Leben erschweren.

Der Drachenkopf erkennt die Macht des Himmels nicht an, der Drachenschwanz tut es. Aus ihm werden – so sieht man es am Himmel – die Lichter wieder neu geboren, die nun aus dem Drachenleib auferstehen. Die Wandlung vom Drachenkopf zum Drachenschwanz ist folglich extrem. Aber die Kämpfe mit dem Drachen hinterlassen in der Seele eines Menschen gewaltige Spuren, die sogar zum Trauma führen können. Solange – im Traum etwa –

der Kopf eines Drachen droht, so lange ist der Drache nicht besiegt. Schauen wir aber auf Traumbilder vom Drachenschwanz, dann hat der Kampf (mit sich selbst) ein glückliches Ende genommen. Von diesem Moment an kann man verzeihen, gute Zeichen setzen und ist zur Wiedergutmachung bereit. Jetzt weiß man, daß ohne Opfer kein Aufstieg möglich ist.

Daher wurde der besiegte Drache auch zum Bildsymbol für den heiligen Georg oder den Erzengel Michael.

Großes Glück

Diese Figurine besteht aus sechs Punkten. Das »große Glück« symbolisiert zuallererst Sonnenschein. Die Gefahren von zuviel Sonnenschein erkennt man ja erst viel später. Hier wird die Hoffnung signalisiert, alles, was das Herz angeht. Es werden gute Nachrichten erwartet, es wird deutlich, daß man auf dem richtigen Weg ist, Optimismus mag sich ausbreiten. Diese Figurine bringt wie ein Joker im letzten Moment die Wende zum Guten. Sie ist auch das Symbol für die Glückskinder – nicht für die Glücksritter.

Das Glück regiert in allen Bereichen: in der Liebe, in der Arbeit, in der Familie, bei Vergnügungen oder auf einer Reise. Aber Sonnenschein im Übermaß kann auch zerstörerisch wirken: Dann wird die Erde unfruchtbar, alles trocknet aus. Zuviel des Glücks ruft Neider auf den Plan, Schmarotzer, Nassauer, die einen nicht mehr aus den Augen lassen. Also ist Vorsicht geboten, und es hat keinen Zweck, allen in der Umgebung sein Glück zu zeigen. Denn überreich genossenes Glück droht zu Leichtsinn und Unvorsichtigkeit zu verführen. Auch ein glückliches Herz kann überanstrengt werden. Folglich ist Maßhalten geboten.

Madame Fortune, die den Kelch ausschüttet, verlangt, daß das Glück behütet wird, daß mit den Gütern des Glücks sparsam umgegangen werden muß. Es braucht meistens viel, viel Zeit, ehe das Glück zu einem kommt, aber wenn man es nicht behütet, dauert es oft nur eine kurze Weile, bis es wieder fortgeflogen ist. Das Glück, von dem hier die Rede ist, kann ein Lottogewinn sein, aber in der Regel ist ein tieferes Glück gemeint: eine erfüllte Liebe, eine unerwartete Beförderung, die Heilung von einer langen, schweren Krankheit oder schlechthin das Glück, zu leben und dem Leben einen Sinn zu geben.

Diese Figurine signalisiert, daß nun Träume erfüllt werden können, wenn dafür auch manche Anstrengung notwendig ist. Aber jedermann sollte wissen, daß der Sonnenschein Schatten wirft, und zu diesen Schatten muß man stehen. Am eigenen Glück müssen auch andere teilnehmen können. Ein Glücklicher inmitten von Unglücklichen ist bald nicht mehr glücklich zu nennen. Glück bedeutet also auch die Verpflichtung, hilfreich zu sein.

Es wird einem nichts geschenkt, sondern nur für eine Zeit geborgt, und wer sein Glück mißbraucht, der verliert es ganz schnell wieder. Madame Fortune wacht mit sehenden Augen darüber, wie die vom Glück gesegneten Menschen damit umgehen. In der Gunst der Sonne zu stehen kann ein Verdienst sein, das auch verpflichtet.

»Mach etwas aus deinem Glück«, so lautet die Devise, und nicht: »Genieße dein Glück auf Kosten anderer.« Was im Moment durch diese Figurine anvisiert wird, scheint günstig zu sein und könnte nur durch eigene Fehler (Ungeduld etwa) gefährdet werden. Erst einmal scheint die Sonne!

Kleines Glück

Die Figurine »kleines Glück«, gleichfalls aus sechs Punkten bestehend, symbolisiert nicht – vielleicht in einem etwas geringeren Umfang – das gleiche Glück. Das kleine Glück ist in sich selbständig und vom großen Glück verschieden. Wenn wir das große Glück als das Glück des Tages bezeichnen können, so das kleine Glück als das Glück der Nacht oder das Glück im Dunkeln, das unsichtbare Glück. Stand das große Glück unter dem Licht der Sonne, so ist das kleine Glück eher als das Glück unter dem Schein des Mondes aufzufassen. Es geht weniger um reale, materielle Glücksumstände als vielmehr um das seelische Glück, um das Glück der Stille, das Glück aus der Tiefe, das unauffällige Glück, das dafür länger anhält, da es nicht so schnell vergeht, weil es auch nicht so schnell und leicht zu einem kommt. Es muß erst verdient oder erarbeitet werden wie alles, was auf sicheren Füßen stehen und solide sein soll. Es ist wie das Glück einer Mutter, die sich im stillen freuen kann, daß ihre Kinder gut und sicher ihren Weg gehen. Beglückung also, die nicht real faßbar ist, die nur aus der inneren Harmonie nach außen strahlt.

Im Grunde genommen ist für Menschen, die das kleine Glück ihr eigen nennen, das große Glück unwichtig. Sie würden niemals tauschen. So gesehen ist das kleine Glück das größere Glück, wenn man sich damit auch keine Paläste oder Schlösser bauen kann. Hier geht es vielmehr um die innere Bescheidenheit, auch darum, seine Grenzen zu erkennen. Man weiß, daß der, der zu hoch hinauswill, eher abstürzt und zu Fall kommt als derjenige, der seine Möglichkeiten gut abzuschätzen vermag.

Sicher sind Geduld und Arbeit an sich selbst notwendig, um das kleine Glück zu erringen, manches innere Wissen, manche Erfahrung müssen positiv verarbeitet werden. Hier darf nicht gelten: »... es kommt auf die Sekunde an«. Hier heißt die Devise: »Schau um dich und in dich, und laß dir Zeit.« Für viele Menschen – vielleicht für die meisten – ist das nicht begreifbar, da sie alles nach dem äußeren Glanz und Erfolg messen. Für manche mag sogar der Begriff »kleines Glück« ein Fremdwort sein, mit dem sie gar nichts anfangen können.

Manches kleine Glück ist mit vielen Verlusten und Enttäuschungen erkauft worden. Viele mußten erst Bescheidenheit, etliche erst den Wert der inneren Harmonie schätzen lernen. Aber wer es einmal für sich gewonnen hat – meist durch die Liebe –, der will dieses kleine Glück nie mehr hergeben. Es ist nicht bezahlbar, nicht käuflich, nicht manipulierbar. Allerdings besteht die Gefahr, daß man mit dem kleinen Glück trotzdem unzufrieden ist, weil immer noch der äußere Glanz des großen Glücks lockt, weil man das kleine Glück nicht – oder erst zu spät – erkennt. So gehen viele am kleinen Glück vorbei und finden kaum zu ihrer inneren Harmonie oder zu ihrer inneren Mitte.

Freude

Diese Figurine aus sieben Punkten symbolisiert die Lebensfreude an sich. Den Wunsch, etwas zu tun, sich zu entfalten. Es geht also nicht um die Freude über ein Geschenk oder über einen schönen Theaterabend, sondern um die Lebenslust schlechthin. Nur jene Menschen, die sich in aktiver Weise am Leben freuen und daraus etwas Sinnvolles zu machen bereit sind, sollen sich hier angesprochen fühlen.

Diese Figurine (wie auch die folgende) geht auf die Bibelstelle zurück, daß auf sieben schlechte Jahre sieben gute folgen oder umgekehrt. Es steckt die Mahnung darin, etwas zu unternehmen, damit man die sieben schlechten Jahre gut durchsteht.

So sind hier das Tun, das Handeln, die Entfaltung angesprochen, die Sehnsucht, über den begrenzten Horizont des Alltags hinauszusehen. Die Ferne ruft, die Ferne lockt. Dafür muß man gerüstet sein. So nur sind hohe Ziele anzuvisieren, um über sich hinauszuwachsen. Niemand darf auf die Dauer im Alltag ersticken. Das Großmütige muß Vorfahrt haben. Dazu gehört auch eine gewisse Großzügigkeit im Handeln und Denken. Man soll ruhig versuchen, den Olymp anzupeilen, allein der Versuch bereitet Freude und Lust! Kurz – das Leben ist lebenswert, solange etwas getan und eine Aufgabe mit Leidenschaft und Liebe erfüllt wird. Die Welt steht einem offen, Altlasten können abgetragen werden. Zuvor sollte man eine innere Befreiung anstreben, alle Fesseln abstreifen, den Mut zum Risiko haben. Aber nur handeln ohne Ziel – das führt zu nichts. Dann sitzt man wie in einem Karussell, das sich lediglich im Kreis dreht. Wenn es einem gutgeht, vergißt man oft den Sinn, der hinter jeder großen Handlung stehen muß. Ihn nicht aus den Augen zu verlieren verlangt eisernes Arbeiten an sich selbst. Auch wenn jemand mit Kraft, Stärke und Willen ausgerüstet ist, zeigt sich der Entfaltungssinn erst, wenn man sich ein Ziel gesetzt hat – egal, ob es sich um ein Etappenziel handelt oder um das Lebensziel schlechthin.

Oft symbolisiert diese Figurine einen neuen Aufbruch, etwa nach einer Krankheit oder einem Zusammenbruch, nach Leid und zahlreichen Schwierigkeiten, die nun endlich überstanden sind. Wenn man das Gefühl hat, daß man wie durch ein Wunder neu geboren ist, dann sollte man unverzüglich darangehen, die nun aufkommende Lebensfreude ganz intensiv zu nutzen.

Vielleicht hat man auch endlich vor Gericht das Recht bekommen, das einem zustand, dann wäre dies die Basis, nun neu anzufangen. Solche Momente sind im Leben nicht allzu häufig, und solche Gelegenheiten dürfen nicht verpaßt werden. So steht diese Figurine auch für einen Neuanfang voller Freude und Hoffnung darauf, daß nun das Leben mit erheblich größerer Zuversicht gemeistert werden kann.

Zuerst ist die Frage zu beantworten: Was will ich eigentlich auf dieser Welt? Dann ist der Wille mit Überlegung und Elan in die Tat umzusetzen, wobei nichts im Übermaß zu geschehen hat. Auch darf vor lauter Freude kein Hochmut aufkommen, weil der letztlich alle Pläne eher bremst und womöglich zunichte macht.

Trauer

Auch diese Figurine besteht aus sieben Punkten. Die Bezeichnung »Trauer« meint keinen Trauerfall. Hier befindet man sich in dem genannten Zeitraum der sieben schlechten Jahre, oder man hat diese Phase gerade hinter sich.

So seltsam es klingen mag: Auch Trauer oder viele Schicksalsschläge sowie schwere Erfahrungen können sehr produktiv und schöpferisch sein.

Mancher Mensch fühlt sich in der Trauer oder aus der Trauer heraus geboren. Hier spielt sicher auch das Wissen der Araber um das Karmische eine maßgebliche Rolle.

Trauer muß nicht Leiden heißen, im Gegenteil, Trauer kann zur Freude führen. Trauer und Freude gehören ja zusammen, im Grunde bilden sie eine Einheit. Es ist bekannt, daß zum Beispiel die Zirkusclowns dem Publikum Freude bereiten, obwohl viele Clowns traurige und ernste Philosophen sind. Privat oft überhaupt nicht lustige Menschen, können sie doch scherzen und andere zum Lachen bringen. Hier ist die Trauer ein wertvolles Kapital. Nur wer sie kennt, schätzt den Wert des Lachens richtig ein. Echter, tiefgehender Humor kann nur aus der Tiefe der Trauer geboren werden, da Lachen und Weinen Geschwister sind. Oder anders gesagt: Der Grat zwischen Weinen und Lachen ist verdammt schmal, und der Übergang von einem zum anderen ist oft nur ein winziger Schritt. In der Trauer erkennt man erst den Wert eines Menschen, wie auch Freundschaften nur dann echt sind, wenn man mit seiner Freundin, seinem Freund lachen, aber auch weinen kann. Trauer bedeutet hier, daß ein Schicksalsschlag vorausgegangen ist, und dem kann niemand entfliehen.

Das muß ausgehalten werden, dann stärkt es die Menschen. Schicksal ist Lebensprüfung und zieht tiefes Wissen nach sich. Sicher zwingt die Trauer dazu, sich auf das Wesentliche zu konzentrieren, um die Ursachen und die Schläge überwinden zu können. Doch Trauer verwurzelt auch, weil der Sieg über Trauer und Schicksal zwar keine große Expansion erlaubt, aber den Menschen in seinem Lebensablauf festigt und stark und zäh macht. Man muß die eigenen Fehler analysieren und sie gründlich ausmerzen. Dann kommt nach der Trauer mit Sicherheit die Freude, den sieben schwarzen Jahren folgen fast immer sieben helle Jahre – ohne daß wir uns an die Zahlen halten, die ja auch nur ein Zeitsymbol markieren.

Ohne Trauer würde man das Leben nicht in seinem tiefsten Sinn begreifen, weil Trauer auch von der Kopflastigkeit befreit und den ganzen Menschen erfaßt. Die Aufgabe heißt folglich: Aus Niederlagen lernen, Angst vor Verlusten besiegen und nach dem Dunkel mit aller Konzentration das Licht suchen. Trauer ist ein unschätzbares Kapital, welches total genutzt werden sollte, denn nur dann verzinst es sich mehrfach. Wer nie etwas verloren hat, wird kaum je lernen, den Gewinn richtig einzuschätzen und zu pflegen.

Illusion

Die Figurine »Illusion« besteht aus sechs Punkten. Sie sieht so harmonisch aus, aber gerade das täuscht. Jeder Mensch hat seine Illusionen, die er nur sehr schwer ablegen kann. Er täuscht sich meist, weil er vor der Wahrheit Angst hat. Man macht sich im Leben gerne etwas vor, nur sollte man dies wissen. Viele Menschen möchten im siebten Himmel leben, doch in Wahrheit erreichen sie nicht einmal den ersten Himmel. Illusionen können sich zu einer Lebenslüge aufbauschen, dann ist bald alles auf Sand gebaut. Sicher, manche kommen mit Illusionen sehr gut durchs Leben, damit merken sie nicht (oder kaum), daß alles völlig anders ist, als es sich in ihrer Scheinwelt abspielt. Dies sind dann auch in den meisten Fällen diejenigen, die sich getäuscht fühlen. Ihre Erwartungshaltung ist einfach zu groß.

Illusionen sind aber oft etwas Wunderbares, daher möchte niemand darauf verzichten. So lebt man mit Wachträumen vor sich hin. Das Sprichwort »Wer aus seinen Träumen etwas machen will, der muß zuerst aus seinen Wachträumen aufwachen« zeigt den Weg. Alle Illusionen sind kleine Schlaraffenländer, die nur im Märchen existieren. Das Leben ist aber kein Märchen, obwohl es märchenhaft sein kann. Niemand darf anderen die Illusionen zerstören, aber solche Personen sind dann eben auch nicht zu beraten. Illusionen treten in jedem Lebensbereich auf. Am häufigsten in der Liebe, aber auch in der Arbeit, in der Freizeit, auf Reisen, in der Karriereplanung oder im Bereich der vielen Lebensschulen, und das kann in manchen Irrgarten führen.

Gefährlich wird es jedoch erst dann, wenn Illusionen mit dem Instinkt verwechselt werden, denn der ist für Illusionen besonders anfällig. Manche Menschen meinen, ihrem Instinkt zu folgen, dabei handeln sie nach ihren Illusionen. Folglich mahnt uns diese Figurine, die Illusionen nicht mit den Realitäten des Alltags zu verwechseln. Helfen können hier eigentlich nur schwere Enttäuschungen, damit die Täuschungen endlich ein Ende haben. Vorher werden vor lauter Sehnsucht nach der Sonne die drohenden Wolken am Horizont nicht wahrgenommen. Kommt dann das Unwetter, ist man unvorbereitet und nicht darauf eingestellt. Viele Süchtige haben die Illusion, das Laster, dem sie gerade frönen, könne ihnen als der »Ausnahmeperson« nichts antun. Je länger diese Illusion anhält, desto schlimmer fällt schließlich das Erwachen aus.

Wenn man nicht auf der Hut ist, können sich Freunde zu Schmarotzern wandeln, und trotzdem glaubt man noch an den guten Menschen. Philosophen haben davon gesprochen, daß das ganze Leben eine einzige Illusion sei, aber das dürfte eher sarkastisch und bös gemeint sein. Leider ist das Leben keine Illusion, sondern eine Aufgabe, die gar nicht so leicht gemeistert werden kann. Nur wer seine Illusionen besiegt, der kann zur Inspiration oder Hellsichtigkeit gelangen, doch der Weg dahin ist weit, steil und kurvenreich.

Umkehr

Diese Figurine besteht ebenfalls aus sechs Punkten, sie gehört folglich zur vorherigen Figurine »Illusion«. Wer sich in Illusionen wiegt, der muß eines Tages aufwachen und sich auf die Umkehr besinnen. Wird die Umkehr nicht vorgenommen, ist der Weg in die Sackgasse oft vorprogrammiert. Aber aus allen verzwickten Situationen ist eine Umkehr unumgänglich! Doch sie erfordert Mut. Oft besinnt man sich nur deswegen nicht auf eine Umkehr, weil man Angst vor einem Prestigeverlust hat. Viele Menschen fürchten, damit ihr »Gesicht« zu verlieren. Dabei zeugt es von Größe, wenn jemand zugibt: »Ich habe mich geirrt, ich muß eine Umkehr vollziehen.« Das heißt, neue Wege zu gehen, dem Leben neue Seiten abzugewinnen. Sicher ist manche Umkehr wie eine Revolution, die dann zu einer Erneuerung führt. Menschen, die umkehren können, haben noch viel vor sich. Oft lehnen Ältere jede Umkehr ab, sie wollen alles »beim alten« lassen, und sie merken nicht, wie starr sie werden, wie stur sie sich verhalten, so daß das Leben einfach eintönig werden muß. Ihre Starrheit ist der Stab, auf den sie sich stützen, aber er führt sie nicht, sondern hält sie zurück. Er bremst jede neue Bewegung, versperrt sich vor jedem neuen Gesichtspunkt. So erzwingt das Leben oft eine Veränderung, weil das Leben nicht erstarren will.

Dabei ist es immer besser, der Mensch selbst ist der Auslöser für eine Fortentwicklung! Es schadet ja nichts, wenn man sich ab und zu auf den Kopf stellt, weil dann wieder frisches Blut in den Kopf kommt, was in der Regel höchst belebend wirkt. Wer nicht umzukehren imstande ist, wer keinen Umsturz wagt, der findet keine neuen Perspektiven, die das Leben trotz aller Widrigkeiten immer wieder lebenswert erscheinen lassen.

Diese Figurine mahnt, ja nicht in der Routine zu erstarren, sondern den Alltag mit seinen oft peniblen Gesetzen endlich zu durchbrechen. Nur so wird jede Verkrustung gelöst, was immer zu einem großen Gewinn führt. Eine Umkehr ist schwer, weil sie oft fast alles verändert, Liebgewordenes muß fallengelassen werden, was nicht immer leicht ist. Aber wieviel Neues tritt statt dessen ins Leben, das nun ganz andere Möglichkeiten bietet!

Sicher ist Mut erforderlich, die Umkehr einzuleiten und konsequent bis zum Ende zu gehen, aber mit der Umkehr wandelt sich auch der Mensch, oft kommt er sich wie »neu geboren« vor. Diese Figurine mahnt also: weg von der Routine – hin zu neuen Ufern! Und dies ist nicht vom Lebensalter abhängig. Auch junge Menschen wollen oft alles so lassen, wie es ist, so werden sie schon früh alt. Nur wer sich wandeln kann, bleibt innerlich jung. Die Wandlungsmöglichkeiten anzunehmen, das ist das Jugendelixier schlechthin. Es gibt keinen anderen oder besseren Weg, aufgeschlossen zu bleiben. Wer nicht mehr umkehren kann, den schreibt das Leben schnell ab, daran besteht kein Zweifel.

Weiß

Diese Figurine besteht aus sieben Punkten. Die Bezeichnung »Weiß« erinnert an die Reinheit, an die Unberührbarkeit. Dieser Bedeutungszusammenhang steht hier jedoch nicht zur Debatte.

Es ist die Figurine der Liebe, des Gefühls, der Hinneigung zum Lebenspartner oder zur Lebenspartnerin. Die Sehnsucht nach dem Licht ist unverkennbar, das Licht im Himmel und auf Erden wird gesucht. Es geht auch um das innere Licht, das erst durch die Liebesbereitschaft leuchten kann. Die Helligkeit, die durch den Begriff »Weiß« symbolisiert wird, war immer ein Wunschbild der Menschen. Der hellste Planet beispielsweise – die Venus – wurde stets mit der Liebe in Verbindung gebracht. Aber auch mit der Liebe zum Himmel und mit der Liebe des Himmels. Hier geht es um das innere wie das äußere Glück, das aus dem Gefühl kommt, aus den Emotionen; es läßt sich also nicht materiell messen.

Diese Figurine ist ferner ein Symbol dafür, daß sich alles zum Guten wenden wird, wenn wir nur selbst Liebe einbringen. Das allerdings ist Voraussetzung für das Glück. Man darf nicht nur nehmen, man muß zuallererst geben. Jeder von uns ist für das Echo verantwortlich, das er bekommt. Es wird den wenigsten bewußt, daß sie erst geben müssen, um danach Liebe empfangen zu dürfen. Dieses uralte Lebensgesetz ist heute vielen Menschen unbekannt.

Die »Weiß«-Figurine symbolisiert auch mögliche Heilung nach Krankheiten, Operationen oder Unfällen. Auch dies ist ja von der Gnade Gottes mit abhängig. Eine Figurine, die Trost anbietet, die

Mut gibt, der aus der Stille gewachsen ist. Wichtig ist diese Figurine für Künstler, denn sie verkörpert auch die Muse, die jeder braucht, der etwas Künstlerisches schaffen möchte. Wer etwas gestalten will – egal auf welchem Gebiet –, der muß die Gunst der Stunde nutzen.

Die Farbe Weiß bleibt jedoch nicht lange rein. Ein reines Herz ist meist sehr anfällig. Die Verführung, das Weiß zu beschmutzen, ist in der heutigen Zeit (wie früher auch) äußerst groß. Viele Verführer, die ihre Reinheit verloren haben, ziehen sehr gerne andere mit sich nach unten. Das klassische Symbol ist der Teufel oder Satan. Der Satan Luzifer, der – wie sein Name übersetzt besagt – einst als Lichtbringer galt, aber die Menschen an das Dunkle fesseln wollte, ist dafür in den Sagen, Legenden und Märchen das uralte Beispiel.

So fordert diese Figurine auch zur Bewahrung der Liebe auf. Gelingt dies, wird viel Kraft aus der Liebe gewonnen, die dann schöpferisch einzusetzen ist. Selbstlose Liebe ist heute nicht gefragt – Ausnahmen mögen die Regel bestätigen –, aber sie ist wichtig, damit das Leben lebenswert und das Wertvolle – weil es Seltenheitswert hat – uns noch lange erhalten bleiben möge. Außer den Liebenden und Künstlern sollen hier auch Ärzte, Priester und alle Helfenden angesprochen werden. Diese Menschen stehen dauernd unter dem Druck des Materiellen, der sie von der ideellen Grundrichtung ablenken soll. Die Farbe Weiß ist dann die große Mahnung, sich treu zu bleiben.

Rot

Auch diese Figurine besteht – wie die vorherige – aus sieben Punkten. Die Figurinen »Weiß« und »Rot« ergänzen sich. Oft wird die Auffassung vertreten, die Figurine »Rot« habe Ähnlichkeit mit dem Drachenkopf, aber das wäre nur eine äußerliche. Rot symbolisiert die innere Leidenschaft, das Feurige, das (manchmal ungezügelte) Temperament, auch das Sexuelle, den Antrieb, den Willen, die Energie und den Trieb.

Hier geht es aber nicht – wie beim Drachenkopf – darum, etwas haben und besitzen zu wollen, sondern um die Leidenschaftlichkeit an sich. Rot ist voller Feuer, voller Explosivkraft, voller Elan. Der Erlebnis- (nicht der Besitz-)Hunger ist hier sehr groß. Der innere Sturm vermag kaum unter Kontrolle gehalten zu werden. Die Menschen können oft vor lauter Kraft nicht laufen. Manche wiederum tun dies zu ungestüm, zu gewaltsam, so müssen sie sich nicht selten selbst bremsen.

Tun sie das nicht, dann drohen Unfälle, Verwundungen (auch seelischer Art) oder Selbstschädigungen. Ein loderndes Feuer kann sehr schwer gelöscht werden, denn die Energie, die sich hier freisetzt, ist ungeheuer und läßt die Flammen immer wieder emporzüngeln. Die Aufgabe besteht also darin, das innere Feuer zu lenken, um die innere Energie für den richtigen Einsatz zu gebrauchen. Daher ist eine Selbstzügelung oft ratsam, ja notwendig. Rot könnte Weiß wahrhaftig ersticken, verbrennen oder mit sich reißen, und genau das darf nicht geschehen.

Hemmungen werden leicht überwunden, wenn es gilt, den eigenen Willen durchzusetzen. Die Leidenschaft kann die Menschen auffressen oder verzehren. Der Gedanke, daß die Kraft einmal nicht ausreicht, weil man sich verausgabt hat, gilt hier nicht. Man fühlt sich stets auf dem Höhepunkt seiner Einsatzfreude. Gerade deswegen sind die Gefahren so nah. Man übernimmt sich leicht und gerät in Gefahr, zu rücksichtslos zu sein, was Gegner oder später gar Feinde auf den Plan rufen kann. Wenn Rot regiert, dann ist zwar immer etwas los, aber auch der Streit ist nicht fern. Rot kann nicht verlieren, und so wird oft der ganze Einsatz gewagt und jedes Risiko eingegangen. Hier – aber nur hier – ähnelt Rot dem Drachenkopf. Rot greift nicht an, sondern lebt nur seine Kraft mit aller Energie aus. Die Leidenschaft wird voll eingesetzt. Sicher, diese Figurine zeigt, daß man nur schwer verlieren kann, daß man in einem solchen Fall auch Rache schwört; aber es geht dabei selten um materielle Dinge, sondern um Liebe, Idealismus, Glauben und Sinnfindung.

Das Wort Idealismus ist wichtig. Rot verkörpert dies wie keine andere Figurine. Der Glaube an sich spielt eine wichtige Rolle, auch der Glaube an einen Schöpfer, der dafür sorgt, daß man ein Glückskind ist. Idealistische Enttäuschungen führen zu Wunden, die lange Zeit brauchen, ehe sie vernarben. Wenn die Liebe verraten wird, wenn Freunde sich undankbar erweisen, wenn ein Wort (ohne Vertrag) nichts mehr gilt, dann ist fast alles, an das man glaubte, hinfällig, dann ist man schwer getroffen und braucht lange Zeit, um sich wiederzufinden. Aber der Glaube an die Ideale bleibt im Grunde doch das Mark dieser Menschen.

Baum

Diese Figurine besteht, wie auch die folgende, aus fünf Punkten. Baum und Wurzel bilden ein Paar, das zusammengehört. Ein Baum gibt Halt, und er will wachsen. Zwar nicht in den Himmel, aber doch hoch hinaus. Aus Sicht der Menschen verkörperte er immer das Leben schlechthin. Mochten die Jahreszeiten kommen und gehen, der Baum blieb, wenn er auch die Kleider wechselte. Im Winter kahl, trotzte er der Kälte, und im Sommer bot er üppig belaubt viel Schatten. Er steht als Zeichen dafür, daß nichts vergeht, daß alles wiederkommt wie im Frühling das junge Grün und die Blüten. Und verliert er im Herbst seine Blätter, dann wandeln diese sich zum Dung für das neue Wachstum, wenn die Sonne wieder steigt.

So war der Baum stets ein Sinnbild der Hoffnung für die Menschen, die sich im Winter den Lichterbaum sogar in die Wohnung holen und ihn besonders schmücken und ehren. Die Lieder, die ihn allenthalben besingen und preisen, sind kaum zu zählen.

Unter dem Baum fand man Schutz vor einem drohenden Unwetter, unter seinem Kronendach fand man Ruhe zum Denken und zur Erholung. Müssen Bäume sterben, dann berührt dies die Menschen tief, und sie merken, daß ihnen etwas fehlt, wenn der Baum nicht mehr vorhanden ist. In ihm manifestiert sich das himmelwärts Strebende, dem der Mensch gerne nacheifern will. Dem Baum schadet kein Alter! Im Gegenteil, je älter er wird, desto mehr Respekt oder Ehrfurcht fordert und bekommt er. Wenn jemand hört, daß er wie ein Baum den Stürmen des Lebens trotzt, dann ist dies mit das höchste Kompliment, das ihm überhaupt gemacht werden kann.

Bäume waren für viele Menschen Symbole und Ansporn, ihre ureigenen Ziele anzupeilen und zu verwirklichen. Dazu bedarf es jedoch einer eigenen Berufung. In der Natur würde man sagen: Wie wächst der Baum, in die Breite oder in die Höhe? Was will der Baum, was will der Mensch? Im Baum saßen immer besondere Geister, und welcher Geist sitzt im Menschen, um ihn anzutreiben?

Die Figurine »Baum« symbolisiert die ureigene und individuelle Berufung, die uns dazu bringt, über uns hinauszuwachsen. Dazu muß ich – wie der Baum – meine Möglichkeiten kennen. Eine Birke wächst anders als die Eiche, eine Buche anders als eine Tanne. Erst wenn ich meiner Fähigkeiten bewußt bin, kann ich mich individuell entwickeln. Der Baum als Vorbild zwingt mich, mich kennenzulernen. Will ich als Baum mit anderen Bäumen ein schützender Wald sein, oder will ich einsam auf einer Höhe gen Himmel wachsen und anderen ein Zeichen geben? Der Baum versteckt sich nicht. Er steht weithin sichtbar in der Landschaft, oder er bietet als Wald mit anderen Bäumen Ruhe, Sicherheit und Frieden.

Der Baum wächst also nicht in den Himmel, aber er wächst dem Himmel entgegen – auch hier ein Vorbild für die Menschen, die mehr wollen, als sie in Wahrheit können.

Wurzel

Die Figurine »Wurzel« besteht wie der »Baum« aus fünf Punkten. Die Wurzeln sind weniger auffällig als die Bäume. Oft werden sie völlig übersehen, es sei denn, sie wachsen aus dem Boden heraus. Und doch – was wäre der Baum ohne Wurzeln! Er wäre gar nicht vorhanden. Die Wurzel trägt alles. Sie ist Herkunft, ist der Anfang allen Lebens, was die Bäume betrifft.

Und überhaupt: Was wäre der Mensch ohne Wurzeln? Er könnte vielleicht existieren, aber wer seine Wurzeln verloren hat, wer wurzellos lebt, der scheint doch eher verloren zu sein und läuft Gefahr, haltlos durchs Leben zu taumeln, ohne es sinnvoll auszuschöpfen.

Wie viele Menschen sind sich über ihre Herkunft im unklaren, weil sie entweder ihre Wurzeln nicht wahrnehmen oder weil sie ihre Wurzeln nicht kennen und damit auch nicht pflegen. Dabei brauchen die Wurzeln gar nicht allzuviel Pflege, aber wir sollten sie nicht übersehen. Die Wurzeln zeigen an, wie die Pflanze sich entwickeln wird, welche Möglichkeiten ihr verbleiben und wie sie sich im Leben verhalten soll.

Über seine Wurzeln kann niemand hinauswachsen, ohne Wurzeln haben Baum und Mensch keinen Halt. Man sollte sich ihrer – also seiner Herkunft – auch nicht schämen.

Die Figurine symbolisiert das Besinnen auf die Herkunft, damit auf den Ursprung allen Handelns und Denkens. Was nicht in der Wurzel steckt, das kann nicht entwickelt werden. Um zu wissen, wie ich mein Leben zu formen habe, muß ich mich um meine Wurzeln kümmern. Tue ich das, dann kann ich mein Leben mit Verläßlichkeit gestalten. Die Wurzel ist voller Geheimnisse, so wurde sie – gerade in der Esoterik – zu einem Wunderelixier. Kein esoterisches Elixier ohne Wurzelauszüge. Auch in der Medizin sind die heilenden Eigenschaften verschiedener Wurzeln bekannt, denn unzählige Heilmittel werden aus Wurzelextrakten hergestellt.

Diese Figurine symbolisiert außer der Herkunft auch die Erziehung wie alles, was zur Kindheit gehört. Sie erinnert daran, daß wir uns bei allen Wandlungen und Entwicklungen treu zu bleiben haben. Aus einer Tanne kann keine Birke werden. Und schon der Volksmund unterscheidet zwischen den Eichen, denen man bei Gewitter ausweichen, und den Buchen, die man bei Gewitter suchen sollte. In der Erde ruhen Kräfte, die wir zum Leben benötigen, der Blick nach unten, also in uns hinein, ist genauso wichtig wie der Blick nach oben, also in den Himmel. Oben wie unten – unten wie oben, das ist eines der wichtigsten Gesetze, die wir nie aus den Augen verlieren dürfen. Und das Erbe, welches uns mitgegeben wurde, ist hochzuhalten, es darf nicht verleugnet oder abgelehnt werden, gleichgültig ob es uns gefällt oder nicht. Dies bedeutet, Verständnis für das aufzubringen, was in uns lebt, egal wie wir zu den Vorfahren stehen. Aus dem Erbe können wir lernen, aber wir können es nicht ablehnen. Im Erbe ruht unsere Kraft, die wir entwickeln und stärken, aber nie verleugnen können.

Vereinigung

Aus sechs Punkten besteht die Figurine »Vereinigung«. Hier wird die Union, die Gemeinsamkeit symbolisiert. Niemand von uns ist geboren, um auf die Dauer allein zu leben. Sicher, es gibt Situationen, wo es manchen Menschen sehr guttut, sich abzusondern, aber das gilt nicht für die Dauer.

Man kann es ganz schlicht ausdrücken: Wir alle sind gemeinsamkeitsbedürftig. Wir brauchen die Ergänzung, weil jeder für sich kein Ganzes ist. Und so steht letztlich bei vielen Unterschieden oder Gegensätzlichkeiten eine gewisse Gemeinsamkeit als

Lebensziel im Vordergrund. Eine Gemeinsamkeit bedingt allerdings Opfer. Die Egozentrik oder gar der Egoismus muß auf dem Altar der Vereinigung geopfert werden. Das heißt nicht, daß wir unser Ich aufgeben sollen, das würde jede Vereinigung stören. Aber wir müssen das Ich des anderen genauso ernst und wichtig nehmen wie unser eigenes, individuelles Ich, was selbstverständlich Einschränkungen verlangt. Meist beginnt die Ergänzung damit, daß zwei oder mehrere Menschen die gleiche Sprache sprechen. Man versteht sich ausgesprochen gut. Man entdeckt eine gleiche Denkrichtung, gleiche Interessen, gleiche Ziele und Aufgaben. Oder man versteht sich ohne Worte, man ahnt und spürt, was der andere möchte und was ihn bedrückt, was dem anderen Freude macht oder Schmerzen bereitet. Man sitzt im selben Boot.

Das oben Gesagte gilt für alle Bereiche. Für den Alltag, für Geschäftsbeziehungen, für die Liebe oder für das Verhältnis zu den Nachbarn – zu allen Menschen, mit denen man zu tun hat. Die Vereinigung ist das höchste Ziel, und je größer die Gegensätze, desto schwieriger das Erreichen des Zieles. Hier bedarf es wirklich einer Verständigung nach allen Richtungen. Aber mit der Vereinigung ist noch viel mehr gemeint: nämlich die Vereinigung zwischen den Menschen und den Göttern. In uns allen lebt ein Götterbote, der den Olympiern von uns Menschen berichtet und uns danach die Antwort der Götter übermittelt. Das Gebot, mit den Göttern eins zu sein, ist nun einmal die Voraussetzung, um unsere Mitte zu finden. Wer sich von den Göttern (damit ist keine Religion gemeint) lossagt, muß wieder zu dieser Urvereinigung zurückfinden, will er sich in den Kosmos eingebunden fühlen. Sonst bewegt er sich außerhalb des Lebenskreises. Dies alles setzt schon eine gewisse Selbsterziehung voraus, aber wer nach innen – auf seinen Götterboten – hört, dem wird das nicht schwerfallen.

Diese Prozedur ist notwendig, um unser Fortune zu erlangen. Fortune ist das Glück, das von innen kommt, und hat mit materiellen Dingen oder mit materiellem Glück wie einem Lottogewinn nichts zu tun. Fortune kann, hat man es gepackt, dauerhaft sein, das Glück geht meist so schnell, wie es gekommen ist. Das Glück läßt sich nicht festhalten, aber Fortune kann man sich erarbeiten, das ist der große Unterschied. Da die Gemeinsamkeit so lebenswichtig ist, kommt es darauf an, auf andere Menschen zuzugehen und ihnen die Hand zu reichen.

Gefangenschaft

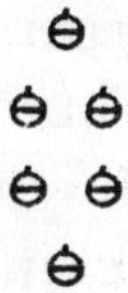

Die letzte Figurine besteht ebenfalls aus sechs Punkten. Die Figurinen »Gemeinsamkeit« und »Gefangenschaft« gehören als Paar zusammen. Damit wird schon deutlich, daß die Gefangenschaft dann eintritt, wenn die Vereinigung nicht gelingt. Einzelgänger sind in sich gefangen, sie fesseln sich selbst. Zuerst fühlen sie sich manchmal vielleicht ganz wohl, aber am Ende spüren sie, daß sie in eine Selbstisolierung geraten, aus der das Herauskommen sehr, sehr schwer ist. Wenn man ein Labyrinth betritt, fühlt man sich vielleicht zunächst der Ruhe und des Alleinseins wegen sehr wohl, aber auf einmal findet man aus seinem selbstgewählten inneren Labyrinth nicht mehr heraus.

Es gibt auch andere Gefangenschaften, etwa das Gefängnis. Das kann hier zwar auch gemeint sein, aber uns geht es nun einmal mehr um die psychische Gefangenschaft, aus der es meist keine Eigenbefreiung gibt. Es fängt oft ganz harmlos an. Da ist eine Idee, die einem im Kopf herumspukt und die man nicht mehr los wird. Aber niemand ist da, mit dem man die Idee besprechen kann, so geht die Idee immer schneller im Kopf herum. Man fühlt sich gerädert und weiß keinen Ausweg. Man fühlt sich mehr und mehr eingefangen, weil die gleichen Gedanken stets von neuem kommen. Einen Ausbruch aus diesem inneren Streß scheint es nicht zu geben, man verstrickt sich immer mehr, ohne sich befreien zu können.

Wer nur mit sich zu tun hat, kommt auf merkwürdige Gedanken (etwa die der Selbstschädigung) und verliert den Sinn für die Realität. Man lebt vorwiegend in der Vergangenheit, träumt von der Zukunft – nur die Gegenwart ist einem völlig entrückt. Menschen, die sich einmal abgesondert haben (übrigens träumt jeder hin und wieder davon), finden schwer in die »normale« Welt zurück. Glück haben sie, wenn ein Blitzschlag von oben bei ihnen einschlägt, so daß sie endlich aufwachen müssen. Hier helfen ausschließlich Katastrophen, die man normalerweise niemandem wünschen darf, aber nur sie können das innere Gefängnis öffnen, die eigenen Fesseln sprengen.

In der Regel ist es aber so: Wer sich selbst in seine eigene Gefangenschaft begeben hat, der kann sich eigentlich nur allein daraus befreien. Die Menschen um sich hat er so brüskiert, daß diese sich längst abgewendet haben. Die Hilfe kann nur darin bestehen, Kontakt mit der Außenwelt aufzunehmen – egal mit wem –, um sich durch Sprechen erst einmal alles von der Leber zu reden. Freunde gewinnt man damit zwar kaum (wer hört schon gerne das Gejammere anderer), aber das Sprechen befreit von Gespräch zu Gespräch immer mehr. Also: heraus aus den eigenen Mauern! Als zweiten Schritt den Rat von anderen hören und nach und nach auch einmal einen solchen Rat beherzigen. So erfolgt die Befreiung in kleinsten Stufen, doch schnell hat man ein Podest erreicht, von dem aus die Welt um einen herum schon ganz anders aussieht.

4

Die Deutung der Quersummen

Wie eingangs erwähnt, sind die Quersummen – damit die einstelligen Zahlen von eins bis neun – für die differenzierte Deutung der Punktierkunst sehr wichtig.

Ohne Zahlen – oder ohne zu zählen – gäbe es kein Figurinenbild. Die Magie der Zahlen ist die älteste Erfahrungswissenschaft der Menschheit. Erst mußte man zählen, um messen zu können. Sicher lernte der Mensch das Zählen zuerst an seinen zehn Fingern und kam so zu den Zahlen von eins bis neun plus der Eins mit einer Null. Ab jetzt waren die Zeiten zu zählen, die Bahn des Mondes durch den Tierkreis im Verhältnis zur Wanderung der Sonne durch denselben, um nur ein Beispiel anzuführen.

Die Zahlen hatten daher einen großen Einfluß auf die Menschen, und später wurde jeder Zahl ein Planet zugeordnet. Die Zahl war es, die Ordnung in das Chaos der Erde brachte, mit Hilfe derer man sie gestalten konnte. Die Zahl – später als Stundenzahl – bestimmte den Ablauf des Tages und der

Nacht. Mit ihr wurde gemessen, wurden Vergleiche gezogen und die ersten Gesetze aufgestellt. Man denke nur an die Zahlen der Schöpfungsgeschichte, die von eins bis sieben reichen. Dabei hatte jede Zahl in ihrer Aussage eine bestimmte Bedeutung. Die Eins wurde anders gewertet als die Acht. Daraus entstand dann langsam die Numerologie als erste esoterische Disziplin. Noch heute begleiten uns die Zahlen durch das Leben, und die erste Stunde hat einen anderen Wert als etwa die neunte. Die Zahl regiert die Welt – und dürfte die Welt wohl immer regieren, ob uns dieser Umstand nun bewußt ist oder nicht.

Nicht ohne Grund fühlt sich mancher von uns zu bestimmten Zahlen hingezogen, so etwa zur Drei oder zur Sieben, während mit der Dreizehn fast niemand etwas zu tun haben möchte. Der Stolz auf unsere Geburtstagszahl ist unverkennbar, und Leute, die am selben Tag geboren sind, ziehen sich merkwürdigerweise gegenseitig sehr an. Zahlen bestimmen unseren Lebensweg, damit unser Schicksal. Die Numerologie ist uralt, wir wissen, daß das erste Zahlensystem schon etwa achttausendfünfhundert Jahre vor unserer Zeitrechnung entstand. Pythagoras, der etwa von 582 bis 497 vor Christus lebte, war der Auffassung, daß allein die Zahl den Schlüssel zum vollen Verständnis des Universums darstellt.

Diese uralte Weisheit wollen wir in der arabischen Weissagekunst mitbenutzen, zumal die Araber sehr gute Rechner waren. Und die Arbeit mit den Punkten, die aus Zahlen gewonnen werden, beweist dies ja deutlicher als alles andere.

Die Figurinen werden aus Zahlen gewonnen, so müssen die Zahlen einfach auch in die Beurteilung einbezogen werden. Es ist ein Unterschied, ob bei der Figurine »Gefangenschaft« etwa eine Saturnzahl als Quersumme herauskommt oder die »Gefangenschaft« mit der Venuszahl kombiniert werden muß. Die Beispiele auf den folgenden Seiten werden dies zeigen.

Die magische Kraft der Zahlen ist in ihrer Ausdeutung als Kraft im Hintergrund zu bezeichnen. Die Zahlen weisen den Weg, durch welche Kraft man etwa der »Gefangenschaft« zu entfliehen vermag. Die Saturnzahl (es ist die Fünf) erfordert Geduld und Zähigkeit und macht deutlich, daß mit einer gewissen Dauer gerechnet werden muß, während die Venuszahl (es ist die Acht) aufzeigt, daß man aus seiner Gefangenschaft durch die Liebe erlöst werden kann.

Wir wollen hier nicht näher auf die Numerologie eingehen. Das ist ein eigenes Thema.

Wir begnügen uns damit, Ihnen die neun Einzelzahlen vorzustellen und bei jeder Zahl ihren Sinn und ihre magische Kraft zu nennen, soweit dies im Zusammenhang der orientalischen Orakelkunst notwendig ist (siehe Seite 79).

Wiederholen wir: Die Quersumme zeigt die Zahl an, die gleichzeitig eine Kraft symbolisiert, und der Einsatz dieser Kraft trägt dazu bei, das Orakel zu erfüllen. Sie weist uns aber auch darauf hin, welche Kraft eingesetzt werden muß, um einen schwierigen Orakelspruch abzuwenden und alles zum guten Ende zu führen.

5

Die Deutung der Zahlen

Die Eins

Die Eins ist die schöpferische Zahl an sich. Sie ist die Zahl des Herzens und aller Herzensangelegenheiten, die Zahl der Einzigkeit, damit auch die Zahl des Schöpfers. Mit der Eins sind unser Bewußtsein, unser Mut aufgerufen, das eigene Ich einzubringen. Über die Eins geht nichts. Sie ist die Zahl der Helle und des Lichts, der Kraft- und Lebenspender. Sie steht für die Aktivität und die Zeugung. Vor der Eins war nur die Null, also nichts. Mit einer Zahl verbunden, kann die Null nur die folgende Zahl sein. Hinter der Eins (oder anderen Zahlen) führt sie zu vielmaliger Potenz, doch vor einer Zahl bedeutet die Null nichts.

Erst mit der Eins nimmt alles seinen Anfang. So ist sie das Symbol des Anfangs und des Lebens. Mit ihr beginnt das Zählen und damit das Messen, das geordnete Leben.

Mit der Eins fängt unser Herz zu schlagen an. Die Eins ist die Zahl der Sonne.

Die Zwei

Die Zwei ist die empfangende Zahl, die Zahl unserer Seele und Tiefe, sie ist die Zahl, die die Eins ergänzt. Die Zwei symbolisiert unsere inneren Kräfte, die aus der Tiefe der Seele kommen. Die Zahl der Nacht und die Zahl der Dunkelheit, damit die Zahl, die das Dunkel erhellt. Sie ist in jeder Beziehung die Ergänzung und symbolisiert die weiblichen Kräfte in jedem von uns. Durch die Nacht besteht der Tag aus zwei Teilen. So wurde die Zwei auch zur Zahl der Polarität oder der Gegensätzlichkeit. Die Zahl von Plus und Minus, kurz: die Zahl der Zweiheit. Ohne die Zwei bliebe alles unbeweglich, denn erst der zweite Punkt – vom ersten entfernt – bestimmt ein Ziel oder einen Weg. Erst zwischen zwei Punkten gibt es eine Strecke! Die Zwei verbindet also, indem sie die Eins empfängt. Aber sie ist auch die Zahl der Zerrissenheit, des Zweifels, wenn etwa zwei Seelen in meiner Brust wohnen. Wir benötigen die zweite Hand, um mit der ersten richtig umgehen zu können.

Bei der Eins können wir vom Logos sprechen, bei der Zwei vom Eros! Die Zwei ist die Zahl des Mondes.

Die Drei

Die Drei ist die Zahl des Antriebs, der Energie und des Willens. Antrieb und Wille sind göttliche Kräfte, die durch die Zeugung der Eins und durch das Empfangen der Zwei geboren werden. Die Kraft der Drei gibt Mut, auch den Mut, sich dem Schöpfer zu stellen.

Die Drei symbolisiert die Kräfte, die uns nach oben streben lassen, wenn auch oft ungeduldig und mit zu heftigem Willen. So wurde sie gleichfalls zur Zahl der Spannung, der Krise, der Herausforderung. Sie ist die Zahl, die als erste vieles überschaut: Vergangenheit – Gegenwart – Zukunft. Damit ist sie die Zahl der Steigerungsmöglichkeiten und des Werdens, also: groß – größer – am größten. Sie weist auf die Dreiheit von Himmel, Erde und Hölle. Daher hatte in Griechenland die »dreigestaltige« Göttin HEKATE so eine besondere Macht, nämlich die Macht der Erneuerung. Mit dem dreimaligen Klopfen auf Holz beginnen wir alles, was gelingen soll, wozu wir ein dreifaches »Toi-toi-toi« benötigen. Die Drei schafft aus der Gegensätzlichkeit der Eins und der Zwei die höhere Einheit, wie es am Bild der Pyramide so gut deutlich wird.

Die Drei ist die Zahl des Mars.

Die Vier

Die Vier ist die Zahl des Lebenssinns, die Zahl des Glaubens und der Entfaltung. Erst die Vier gibt dem Handeln einen Sinn. Jetzt weiß die Drei, wohin ihr Antrieb zu richten ist. Mit dem Sinn kommt Ordnung in das Streben, das nun auch durch Gesetze geregelt werden kann. Jede Entfaltung muß ihre Ordnung haben, verlangt einen Sinn, der der Aktivität mitgegeben werden muß. Mit der Vier erkennen wir die Ordnung unseres Jahres: Frühling – Sommer – Herbst – Winter. Die Vier weiß um die vier großen Winde der Chinesen und die vier Himmelsrichtungen. Vier Evangelisten vermittelten uns die Frohe Botschaft der Evangelien. Die Vier bringt uns die Ordnung der vierten Dimension, der Zeit, und die Gesetze der vier Elemente: Feuer – Erde – Luft – Wasser.

Auch im realen Leben war die Vier wichtig, so kennen wir noch heute das Wort von den Stadt-Vierteln. Im Buddhismus gibt es die vier Tugenden oder die vier Wahrheiten, wie uns vier Temperamente geläufig sind, in die Menschen eingeteilt werden: Die Choleriker, die Phlegmatiker, die Sanguiniker, die Melancholiker – sie alle wohnen in ihren vier Wänden. Die Vier ist die Zahl der Ordnung, des festen Fundaments, der Entfaltung, der Sinngebung.

Die Vier ist die Zahl des Jupiter.

Die Fünf

Die Fünf ist die Zahl der Zeit, der Bewahrung, der Tradition. Sie ist die Zahl, die unsere Kraft zur Verwurzelung anzeigt, aber auch die der Prüfungen, die wir bestehen müssen. An der Fünf wird unser Schicksal gemessen. Es ist die Kraft, die alle fünf Sinne zusammenfaßt, und damit auch die Kraft der Konzentration. Folgende fünf Tugenden werden immer wieder gelehrt: Fleiß – Mäßigung – Bescheidenheit – Besonnenheit – Strenge.

Es sind die fünf Finger jeder Hand, die erst das Handeln der Hand erlauben. Die Fünf ist ferner die Mitte der Einzelzahlen von eins bis neun. Vier Zahlen kommen vor der Fünf – vier Zahlen nach ihr.

Im Mittelalter wurde geschrieben: »Weil es fünf Sinne gibt, stellt die Zahl Fünf den natürlichen Menschen dar.« Die Alchimisten suchen bis heute nach der Quintessenz, und die Fünf kündet Ende und Anfang einer Entscheidung an. Der Volksmund weiß es, wenn er sagt: »Es ist fünf vor zwölf, aber fünf vor zwölf ist was völlig anderes als fünf nach zwölf.« So wurde die Fünf auch zur Zahl der Schwelle, des Übergangs in eine andere Welt oder Dimension.

Die Fünf ist die Zahl des Saturn.

Die Sechs

Mit der Sechs beginnt das Zählen an oder in der zweiten Hand. Es war ein großer intellektueller Sprung zur Sechs und damit zu den weiteren Zahlen. Die Sechs symbolisiert das Siegel Salomos und damit die Weisheit, denn sie führt uns über die fünf Sinne hinaus. In der Realität war die Sechs das Symbol der Arbeit, da Gott die Welt in sechs Tagen geschaffen hatte. Die Sechs ist die erste vollkommene Zahl überhaupt, weil die Zahlen, welche sich durch die Sechs teilen lassen, addiert auch wieder sechs ergeben. Die Sechs kann durch die Zahlen eins, zwei und drei geteilt werden; und addiert erhalten wir wieder die Sechs.

Die nächste Zahl, die dieses Gesetz erfüllt, wäre erst die 28. Aber diese Zahl gehört nicht mehr zu den Einzelzahlen. Sechs merkurische (also doppeldeutige) Ausreden kennt der Mensch: Ich hätte, ich wollte, ich könnte, ich sollte, ich möchte und ich wünschte. Die Sechs ist das Symbol für die Durchdringung der sichtbaren und unsichtbaren Welt, wie es im Hexagramm zum Ausdruck kommt: Es sind zwei übereinanderliegende Dreiecke. Sie gilt auch als Zahl der Schwarzen Magie. All das zeigt, daß die Sechs die Zahl des inneren Verstandes und die Zahl des Intellekts ist.

Die Sechs ist die Zahl des Merkur.

Die Sieben

Die Sieben war immer eine heilige Zahl, weil der Siebener-Rhythmus die Menschen bewegt. Er geht mit Sicherheit auf die sieben alten astrologischen Planeten zurück, die für die Menschen damals am nächtlichen Himmel immer sichtbar waren.

Auf der Sieben baut vieles auf. Da sind die sieben Grundtöne in der Musik wie die Grundfarben in der Malerei. Die Bibel weiß um die sieben heiligen Siegel, wie überhaupt die Sieben wohl die Zahl ist, die in der Bibel am häufigsten erwähnt wird. So wurde die Sieben zu einem mystischen Gebot, aber auch zur Zahl des Erkenntnissprungs im Leben.

Desgleichen ist die Märchenwelt voller Siebener-Symbole. Die sieben Zwerge sind bekannt, und das tapfere Schneiderlein erledigte sieben auf einen Streich. Nach PYTHAGORAS war die Sieben die Zahl der Krisis, und der Arzt HIPPOKRATES war überzeugt von dem Siebener-Rhythmus bei Krankheiten.

Die sieben fetten und die sieben mageren Jahre sind genauso bekannt wie die sieben Todsünden. Auch wird – astrologisch – das Leben in zwölf Abschnitte zu je sieben Jahren eingeteilt. Die Sieben gilt als die okkulte (geheimnisvolle) Zahl schlechthin, die uns zu neuen Erkenntnissen führt. Der Volksmund weiß von dem verflixten siebten Jahr, das durch die böse Sieben, die man daheim hat, ausgelöst werden kann.

Die Sieben ist die Zahl des Uranus.

Die Acht

Die Acht ist die Zahl der Unendlichkeit. Man denke nur an die Form der arabischen Ziffer, deren Linienführung nie endet. Die Acht ist das Symbol von oben und unten oder von links nach rechts. Somit wurde sie auch zum Symbol der Esoterik, weil die Form der Acht einer algebraischen Kurve gleicht. Eine Bahn übrigens, die die Sonne Jahr für Jahr am Himmel beschreibt. Die Acht wurde zur Zahl der himmlischen wie der irdischen Liebe, aber sie ist auch die Zahl aller Künste, für die eine göttliche Gunst notwendig ist. Der Mensch soll acht Stunden arbeiten, acht Stunden Muße haben und acht Stunden schlafen. Der achte Himmel war der Olymp, für Sterbliche nicht mehr zuständig. Hier lebten die Götter, und von hier wurde die Liebe ausgeschüttet.

Die Acht ist die Zahl der Venus.

Die Neun

Die letzte der Einzelzahlen, die Neun, zeigt schon vom Wort her das Ende und somit das Neue an. Sie ist die Zahl der Inspiration, der Erkenntnis, daß das Ende im Anfang und der Anfang im Ende liegen. Die Neun wurde stets als Zahl der Magie bezeichnet wie auch als Zahl der Hellsichtigkeit. Hier ist der Instinkt wie die höhere Liebe gefragt. Die Inspiration, die in der Neun liegt, führt uns zur hellsichtigen Erkenntnis. Aber die Neun gilt auch als unheimliche Zahl, denn zählt man zu einer Zahl neun dazu, dann bleibt die Quersumme immer die gleiche.

Oder: Multipliziert man irgendeine Zahl mit der Neun, dann bleibt die Quersumme immer neun. Nach der Neun beginnt die erste zweistellige Zahl, die Zehn mit der Quersumme eins. Die Neun weist auf das Neue, was in dem Wort »Neun« bereits verborgen ist. Aber die Zahl steht auch für die Täuschung, wenn der Instinkt nicht mehr funktioniert. In Delphi wurde alle neun Jahre das Fest des APOLLON, das Fest der Sonne, gefeiert, die alles an den Tag bringt. Und die Zahl Neun ist deswegen so einprägsam, weil der Mensch erst neun Monate nach der Zeugung geboren wird. Auch von daher wurde die Neun zur Zahl des Lebensinstinkts.

Die Zahl Neun ist die Zahl des Neptun.

Eine Zusammenfassende Übersicht finden Sie auf der folgenden Seite.

Zahl	*Planet*	*Stichwortartige Bedeutung*
1	Sonne	Das Herz, der Kern eines Menschen, das Helle
2	Mond	Die Seele, das Innere, die Tiefe, das Dunkle
3	Mars	Der Antrieb, die Energie, der Mut und der Wille
4	Jupiter	Die Entfaltung, der Sinn, die Gerechtigkeit
5	Saturn	Die Bewahrung, die Dauer, die Konzentration
6	Merkur	Das Handeln, das Denken, das reale Umsetzen
7	Uranus	Die Einfallskraft, das Neue, der Umsturz
8	Venus	Die Liebe, die Kunst, die Emotionen, die Gnade
9	Neptun	Die Inspiration, die Täuschung, der Lebensinstinkt

6

Beginn der Praxis: der erste Test

Erstens:

Alle sechzehn Figurinen werden den Ratsuchenden gezeigt, und zwar ohne Kenntnis ihres Namens (Seite 24/25). Sie werden aufgefordert, spontan zu entscheiden, welches Bild ihnen am besten gefällt oder zusagt. Das wäre bei unserem Beispiel der Drachenkopf (Seite 39). Die Figurine wird ohne Zahl gewertet, und infolgedessen entfällt hier die Quersumme (QS).

Zweitens:

Danach sollen die Ratsuchenden – wie es ab Seite 27 beschrieben ist – vier Zeilen mit jeweils einer beliebigen Anzahl von Strichen ausfüllen. Dabei wird noch nach keinem Problem gefragt. Die Striche werden pro Zeile gezählt, die Anzahl wird notiert. Für jede ungerade Zahl gibt es einen Punkt, für jede gerade Zahl zwei Punkte pro Zeile. Nun wird die Figurine gezeichnet, die Quersumme der vier Zeilen notiert und mit dem entsprechenden Planetensymbol in Verbindung gebracht (ab Seite 79).

Drittens:

Der Berater fragt viermal nach einer Zahl zwischen eins und zehn oder dreißig und vierzig etc. Die Ratsuchenden wählen viermal je eine Zahl. Danach wird wie unter »Zweitens« verfahren, die Zahl wird notiert. Auch hier sind Frage oder Problem noch uninteressant. Damit haben wir drei Figurinen und drei Quersummen. Die erste spontan gewählte Figurine entspricht der Gemütslage. Die zweite, schon bewußter ausgesuchte Figurine entspricht einem Startpunkt. Die dritte Figurine entspricht einem gewünschten Ziel. Die drei Figurinen werden wie folgt gezeichnet.

Ein aus seiner Stellung ausscheidender Manager wählte folgende Figurinen:

Gemütslage I		*Start* II		*Ziel* III
⊖ ⊖	8	⊖ ⊖	1	⊖
⊖	5	⊖	5	⊖
⊖	9	⊖	8	⊖ ⊖
⊖	2	⊖ ⊖	4	⊖ ⊖
	24 = 6		18 = 9	
Drachenkopf keine Quersumme	Vereinigung QS 6 Merkur		Kleines Glück QS 9 Neptun	

Gesamtquersumme (Gesamt-QS): 6 + 9 = 15 = 6.

Die Aussage – in Kurzfassung – hieße: Der entlassene Manager ist noch voller Tatendrang. Er will nicht abtreten, er will eher alles verschlingen und greift nach jeder Gelegenheit, weiter tätig zu sein. Er läuft daheim Gefahr, verrückt zu werden (Gemütslage I).

In der Praxis (Figur II) hat er die Vereinigung verloren. Er sucht eine neue. Aber Merkur als Quersumme (QS) 6 lehrt ihn, mit Bedachtsamkeit zu handeln und zu denken. Er muß mit seinem Problem fertig werden und darf nicht durchdrehen. Der neue Start muß klug erfolgen.

Das Ziel (III) ist das kleine (nicht mehr das große) Glück. Dabei gilt es auch auf den gesunden Instinkt zu hören, wie es Neptun durch die Quersumme 9 anzeigt. Das heißt, eine Bewußtseinswandlung ist wohl unerläßlich. Der Abschied vom Gewesenen muß akzeptiert, das neue Ziel aus einem völlig anderen Denken gewonnen werden. Die Gesamtquersumme weist mit der Zahl 6 auf den Merkur hin. Jetzt sind also reales Handeln und Überlegen gefragt.

Es ist gut, einen solchen Test stets am Anfang vorzunehmen, ehe man sich den spezielleren Fragen zuwendet. Nun wissen wir alles, was zur Ausübung der arabischen Kunst des Wahrsagens gehört. Alles andere ist Schulung und Übung. Jeder kann diese Kunst für sich allein lernen, oder er mag Seminare besuchen, das bleibt ihm überlassen.

Um es noch einmal zu wiederholen: Die Zahlendeutung kann ausgelassen werden. Aber das Ergebnis – gerade für den Fall einer eingehenden Beratung – ist dann längst nicht so gut und nachhaltig. Die Arbeit mit den Zahlen hat sich bestens bewährt.

Aber: Diese Kunst eignet sich auch vortrefflich als Gesellschaftsspiel, daher sei man mit seinen Antworten sehr, sehr vorsichtig! Zu schnell bleibt beim Gegenüber etwas hängen, was so nicht gewollt war. Am besten ist eine Beratung, für die man sich Zeit nimmt, denn mit Sicherheit ergibt sich ein tieferes Gespräch. In der Ausübung dieser Wahrsagekunst arbeitet man systematisch, wenn man folgendermaßen vorgeht:

I. Als erstes wird das Problem oder der Wunsch genannt beziehungsweise das, was die Fragenden bewegt.
II. Findung der Zahlen für jede Figurine.
III. Aufzeichnung und Nennung der Figurine.
IV. Errechnung der Quersumme aus den vier genannten Zahlen.
Die Quersumme wird bis zur Einzelzahl heruntergerechnet.
V. Deutung und Beratung.

7

Deutung und Beratung

Einzelfragen

Um die alte arabische Deutungskunst beherrschen zu lernen, erweist es sich als zweckmäßig, mit einfachen Fragen und Antworten zu beginnen. Nur auf diese Weise erlangt man die notwendige Übung, dann die Routine und die Einfallskraft, die meist auch erst geschult werden muß.

Was sind Einzelfragen? Einzelfragen behandeln noch keine komplexe und psychologisch ausgerichtete Gesamtdeutung der Grundprobleme, die Menschen – oft schon lange Zeit – mit sich herumtragen. Meist drückt sich das dadurch aus, daß diese Menschen immer wieder über die gleichen Fehler stolpern.

Einzelfragen können zwar auch mit den Grundproblemen eines Menschen im Zusammenhang stehen, aber sie sind einfacher und direkter zu beantworten.

Aus der Praxis nennen wir hier einige der gestellten Einzelfragen.

Beispiele:

1. Wie kann meine Situation am Arbeitsplatz beurteilt werden?
2. Soll ich wirklich eine strenge Diät auf mich nehmen?
3. Warum kann ich mir das Trinken nicht abgewöhnen?
4. Ist es gut, meine enttäuschte Liebe auf ein Haustier zu konzentrieren, oder ziehe ich mich damit von den Menschen zurück?
5. Soll ich in eine kleinere Wohnung umziehen? Ich bin Rentnerin und könnte mir so vielleicht mehr Reisen leisten?
6. Betrügt mich meine Frau, oder bilde ich mir dies nur ein?
7. Wenn ich nur von einer Krankheit höre, meine ich, die gleichen Symptome zu haben; woran liegt das?
8. Meine erwachsenen Kinder wollen nur Geld von mir; ich habe Angst, nein zu sagen; wie soll ich mich verhalten?

8

Praxis der Einzelfragen

Der Außenseiter

Ein Mann in den besten Jahren kommt zur Beratung und fragt: »Wie kann meine Situation am Arbeitsplatz beurteilt werden?«

Nun folgt die Aufforderung, vier Zahlen zwischen 10 und 40 zu nennen. (Wir erinnern uns, eine ungerade Zahl ergibt einen Punkt, der bei jeder Figurine in die Mitte gesetzt wird, während die geraden Zahlen zwei Punkte ergeben, die links und rechts von der Mitte plaziert werden.)

Die erste Zahl:	21, also ein Punkt	⊖
Die zweite Zahl:	14, also zwei Punkte	⊖ ⊖
Die dritte Zahl:	11, also ein Punkt	⊖
Die vierte Zahl:	33, also ein Punkt	⊖
Die Quersumme:	79 = 16 = 7.	Baum

Wir haben also als Figurine den Baum und als Kraft im Hintergrund die Zahl Sieben, die Zahl des Uranus. Nun wird erst einmal die Figurine gedeutet.

Diese Figurine besagt: Ehrgeiz und ein zu hohes Streben. Der Mann war in die Firma gekommen, als diese schon längst aufgebaut war. Er war also dort nicht integriert. Aber er wollte alles besser machen, und so nahm er auf die gewachsenen Strukturen der Firma keine Rücksicht. Er kam als Außenseiter und blieb Außenseiter. Nur weil seine Arbeit sehr gut war, hielt man ihn, doch für die anderen Mitarbeiter blieb er ein Fremdling, der alles besser wußte. Auch galt er als der Mitarbeiter, der seine Fahne stets zu sehr nach dem jeweils herrschenden Wind ausrichtete.

Freunde gewann er keine, auch nicht bei den Vorgesetzten, so daß er sich völlig zu Recht sehr unsicher fühlte.

Der Ratsuchende bestätigte die Deutung – wenn auch mit gewissen Einschränkungen, womit oft gerechnet werden muß. Dann aber fragte er, was er denn tun solle.

Jetzt wird die Quersumme hinzugezogen. Die vier Zahlen ergaben die Summe von 79; also: 7 + 9 = 16, 1 + 6 = 7. Somit heißt die Endsumme sieben.

Sieben ist die Uranuszahl, die besagt, daß der Ratsuchende die besondere Gabe besitzt, sich schnell umzustellen und sich auch gut in neue Situationen einzuleben. Aber es besteht ebenso die Gefahr des Aufbegehrens.

Der Rat mußte folglich lauten: »Überlegen Sie, ob Ihnen die Arbeit Freude macht. Wenn nicht, dann kündigen Sie. Erfüllt Sie jedoch Ihre Aufgabe in der Firma, dann stellen Sie sich um, dann richten Sie sich darauf ein, sich in die Firma zu integrieren, sich folglich den Strukturen und den Kolleginnen und Kollegen anzupassen. Sie können das.«

(Hätte sich hier als Quersumme die Fünf ergeben, dann müßte man sagen, daß der Ratsuchende die Stellung kündigen sollte, weil er kaum die Bereitschaft aufbringt, sich anzupassen oder einzugliedern. Die Sieben aber besagt, daß dies durchaus möglich ist.)

Der Mann entschloß sich zu bleiben. Nach einem Jahr suchte er den Berater auf, um ihm mitzuteilen, daß er sich nun in der Firma sehr heimisch fühle und er dort sogar Karriere gemacht und eine führende Position innehabe.

Ist die Alkoholsucht besiegbar?

Ein Mann, Mitte Vierzig, kommt zur Beratung. Er ist Alkoholiker und hatte schon zweimal versucht, das Trinken aufzugeben, aber jedesmal ohne Erfolg. Die Frage lautet: »Warum kann ich mir das Trinken nicht abgewöhnen?«

Wieder wurden nach und nach vier Zahlen gewählt, die letztlich folgende Figurine ergaben:

Zahl	13	ungerade, also ein Punkt	⊖
Zahl	25	ungerade, also ein Punkt	⊖
Zahl	9	ungerade, also ein Punkt	⊖
Zahl	<u>16</u>	gerade, also zwei Punkte	⊖ ⊖
	63	Die Quersumme lautete also 9.	Drachenschwanz

Nun war zuerst die Figurine »Drachenschwanz« zu deuten.

Diese Figurine besagt: Nach einer langen Zeit der Dunkelheit könnte man endlich Licht sehen. Darauf deutet der zweimalige Versuch hin, sich von der Sucht des Trinkens zu befreien. Hier gilt es also, die Hoffnung nicht aufzugeben. Eine alte Weisheit lautet: »Wenn die Hoffnung uns verläßt – geht sie, unser Grab zu graben.« Die Figurine »Drachenschwanz« signalisiert, daß in der Vergangenheit große Verluste und Niederlagen zu ertragen waren, die schwere Depressionen auslösten, die zur Sucht führten. Also sind diese Lebenseinbrüche erst einmal bewußtzumachen. Das Trinken ist als Notwehr anzusehen, auf die der Süchtige nicht verzichten will. Der Alkohol ist sein Helfer, der allein noch eine gewisse Befriedigung verspricht.

Es gilt, neue Rettungsanker zu finden! Das Leben muß auch ohne zwei Liter Wein am Tag einen Sinn bekommen. Entweder durch eine neue Zielrichtung, eine neue sinnvolle Beschäftigung oder durch eine neue Partnerschaft. Das Interesse muß von der Flasche weggelenkt werden. Hier sind die letzten Kräfte zu mobilisieren. Auch mußte dem Trinker eindringlich geschildert werden, daß Alkohol in großen Mengen unweigerlich zu schweren Erkrankungen führen kann.

Die Quersummenzahl war die Neun. Neun ist die Zahl des Neptun, und sie besagt, daß das Leben bisher auf Illusionen und wohl daher auch auf Täuschungen aufgebaut war. Hier kann nur die Inspiration oder – übersetzt – eine Hellsichtigkeit helfen. Die Inspiration wird aber erst dann geweckt, wenn das Wort Enttäuschung in seiner Tiefe angenommen wird. Enttäuschung heißt ja, daß die Täuschung nun ein Ende hat. Erst wenn das erkannt und akzeptiert wird, gibt es neue Hoffnung auch auf das Ende der Süchtigkeit. Wird das Trinken jedoch weiter als Ersatzhandlung genutzt, wird nicht gesehen, daß diese Sucht nur zu einer weiteren Enttäuschung führen kann, dann ist der Wunsch, sich selbst von der Sucht befreien zu können, nur eine neue Illusion.

Mit der Zahl Sechs (als Zahl des praktischen Handelns) oder der Zahl Vier (als Zahl der Sinnsuche) im Hintergrund wäre dies sicher einfacher. So bleibt die Gefahr, daß die Sucht kaum zu überwinden sein wird, ehe nicht ein warnender körperlicher Rückschlag auftritt. Die Zukunftsaussichten sind also alles andere als rosig.

Die reiche Rentnerin

Eine Rentnerin (bis dato recht vermögend) fragt in der Beratungsstunde, ob sie ihren drei Kindern weiterhin Geld leihen solle. Sie wisse, daß sie das Geld nie wiederbekommen würde, und in ihr regten sich starke Zweifel, ob die Kinder sie nicht nur ihres Geldes wegen regelmäßig besuchten, da sie keine innere Zuneigung mehr spüre. Sie selbst leiste sich im Leben so gut wie gar nichts mehr, sondern schränke sich immer mehr ein; sie sei stets sehr sparsam gewesen, was die Kinder nicht seien.

Die Zahlen, die zur Figurine führten, waren:

Zahl 12	gerade Zahl, also zwei Punkte	⊖ ⊖
Zahl 28	gerade Zahl, also zwei Punkte	⊖ ⊖
Zahl 14	gerade Zahl, also zwei Punkte	⊖ ⊖
Zahl 15	ungerade Zahl, also ein Punkt	⊖
69	Die Quersumme ist 6.	Trauer

Zunächst ging es nur darum, die Figurine »Trauer« zu deuten. Nach einem recht guten und glücklichen Leben sind die Lebenswurzeln hier nun dünn geworden. Die Mutter zweifelt an der Liebe ihrer Kinder, was eine starke innere Trauer auslöst. Die Unsicherheit ist bei ihr zu Gast. Sie ist zwar bereit, von ihrem Vermögen etwas zu opfern, aber sie will keine Opfer umsonst bringen. Sie befürchtet, daß die Kinder sie nur noch besuchen, weil sie einmal alles erben werden. Sie hat Angst vor dem großen Verlust. »Ist das Geld weg«, so sagte sie, »sind auch die Kinder weg.« Sie muß also das Verhältnis zu ihren Kindern neu klären und darf nicht an den Erinnerungen hängen. Aber in jeder Trauer steckt ein Neuanfang. Seelisch ist die Rentnerin sicher stark mit ihren Kindern verbunden. Aber gerade diese seelische Bindung ist durch ihre Zweifel nun in Gefahr zu zerbrechen. Die Angst vor Verlusten hemmt jede Entwicklung der Ratsuchenden.

Die Quersumme war die Zahl Sechs, das ist die Zahl des Merkur. Diese Zahl weist auf praktisches Handeln und Denken hin. Der Ratsuchenden wurde nun der Rat gegeben, das Geld fest – und nur auf ihren Namen – anzulegen. Auch sollte sie ihren Kindern sagen, daß sie einen Teil ihres Vermögens einer Stiftung oder einem wohltätigen Verein zukommen lassen wolle.

Geraten – getan! Als die Kinder wieder um Geldnachschub nachsuchten, mußte sich die Ratsuchende zwar sehr überwinden, aber sie teilte ihnen mit, daß kein »flüssiges« Vermögen mehr vorhanden sei und daß sie alles Geld bis auf das Pflichterbe einer Organisation zukommen lassen wolle. Diese unerwartete Reaktion löste bei den Kindern größte Betroffenheit aus, zumal als sie erfuhren, daß sich die Mutter nun zusätzlich mehr leisten wollte als bisher. Ihr Wunsch war es, mindestens so gut und luxuriös zu leben, wie ihre Kinder es taten. Die waren zunächst sehr entsetzt und besuchten ihre Mutter erst nach längerer Zeit wieder. Aber als sie erkannten, daß die Mutter in der Zwischenzeit mehr Freude am Leben gewonnen hatte, arrangierten sie sich und kamen von da an häufiger. Die Drohung mit der Stiftung blieb jedoch im Raum, ohne daß die Mutter im Testament eine solche Institution berücksichtigt hatte. Dies war ihr geheimer Trumpf, um nicht neu enttäuscht zu werden.

Hilft die Diät?

Eine attraktive Frau litt unter Gewichtsproblemen. Sie hatte schon viele Diäten ausprobiert, keine hatte geholfen. Ein Arzt riet ihr nun zu einer sehr strengen Kur, aber sie hatte Angst, daß die Anstrengung wieder umsonst wäre. Ihre Frage nun: »Lohnt diese anstrengende Diät?«

Die Zahlen, die zur Figurine führten, waren:

Zahl	5	ungerade Zahl, folglich ein Punkt	⊖
Zahl	17	ungerade Zahl, folglich ein Punkt	⊖
Zahl	19	ungerade Zahl, folglich ein Punkt	⊖
Zahl	9	ungerade Zahl, folglich ein Punkt	⊖
	50	Die Quersumme war 50, also 5.	Weg

Die Figurine heißt »Weg« und war zunächst zu deuten. Sie symbolisiert einen klaren, zielgerichteten Weg. Eine einseitige Diät ist sicher förderlich, obwohl die Ratsuchende hier eher auf einem gefährlichen, schmalen Grat wandert. Eine Konsequenz ist aber angebracht. Der Erfolg (wahrscheinlich zwar schon) ist nicht garantiert, aber der Einsatz eines gewünschten Zieles wegen (Zurückgewinnung der einstigen tadellosen Figur) sollte doch gewagt werden. Man kann diese Diät als letzten Versuch ansehen, denn es gilt hier wohl einwandfrei das Motto: »Alles oder nichts«. Die Kur verlangt harte Ausdauer, gute Nerven und echten Widerstand gegen manche Versuchungen von außen. Am besten wäre es, wenn sich die Ratsuchende für diese Zeit aus ihrer Umgebung entfernen und die Kur während einer langen Ferienzeit wagen würde.

Die Kraft im Hintergrund wird durch die Fünf angegeben. Die Fünf ist die Zahl des Saturn. Saturn symbolisiert die Beschränkung, die mit Konzentration ausgeführt werden sollte. Er steht auch für eine längere Dauer, so daß sich die Ratsuchende auf all das einstellen sollte.

Eine bessere Kraft im Hintergrund kann es für eine strenge Diät kaum geben. Wäre hier die Quersumme vier, so könnte man meinen, daß die Diät letztlich doch vergeblich wäre, denn die Zahl des Jupiter versinnbildlicht eher die Entfaltung, und damit die Fülle und das Wachstum.

Auch die Zahl Acht wäre nicht so günstig. Da sie die Venuskräfte symbolisiert, zeigt sie damit an, daß Verführungen (und gerade im Bereich der Süßigkeiten) immer wieder zu überwinden wären. Die Zahl Drei könnte noch recht hilfreich sein, weil hier Mut und Energie gefordert sind sowie ein äußerst starker Wille.

Die Ratsuchende ließ sich in der Folge auf diese Diät ein. Sie ging in eine Kurklinik und rief Woche für Woche empört an, zu welcher Tortur man sie überredet habe. Aber nach der fünften Woche (der Woche des Saturn) wurden die Töne sehr viel freundlicher, um schließlich in Jubelschreie überzugehen. Sie hatte es geschafft und gut fünfzehn (!) Kilo abgenommen.

An den zuvor abgehandelten vier Einzelfragen ist zu erkennen, wie bei der Deutung vorgegangen wird. Die einführenden Erläuterungen reichen aus, wenn auch jeder mit der Zeit seine eigenen Interpretationen einbringen soll, um zu seiner individuellen Deutung zu kommen. Erst nach diesen Übungen können wir uns komplexeren Wahrsagefragen zuwenden.

9

Das Kreuz des Menschen

Nach Auffassung der psychologischen Esoterik (aber auch vieler Religionen) bekommt jeder Mensch für sein Leben ein ganz individuelles Kreuz aufgeladen. Das Kreuz symbolisierte schon in alten Mythen die Last der Erde, und man hoffte, daß der Mensch durch den Himmel von dieser Bürde befreit würde. Es existierte jedoch auch die andere Auffassung, daß nur der erlöst werde, der sein Kreuz bewältigt, das er auf seinem Lebensweg getragen hat. Nur so ist schließlich die Erlösung am Kreuz zu verstehen. Ein Gesetz des Karma sagt: Wir kommen mit Pflichten, Aufgaben und Auflagen auf diese Welt, um nach ihrer Bewältigung vielleicht das Paradies oder das Nirwana zu erreichen. An diese alten mythischen, aber auch praktischen Überzeugungen hält sich die Wahrsageart der Geomantie (auch Punktierkunst genannt), die den Namen »Das Kreuz des Menschen« trägt. Hier geht es nun darum, den ganzen Menschen weitgehend zu deuten. Es geht also nicht um Einzelfragen, sondern um das Erfassen des Fragenden, um ihm so vielleicht zu helfen, seinen »ureigenen« Weg zu finden.

Insgesamt haben wir es hier mit einer Konstellation von fünf Figurinen zu tun. Es müssen also jeweils fünfmal je vier Zahlen genannt werden, je fünf Quersummen festgehalten und jeweils fünf Figurinen gezeichnet werden. Diese fünf Figurinen werden jedoch nacheinander gebildet, also immer erst, nachdem die vorausgehende Figurine gedeutet wurde, so wie beim Kartenlegen eine Karte nach der anderen aufgedeckt wird. Das hat den Vorteil, daß sich das Unbewußte der Ratsuchenden nach der Deutung stets auf die jeweilige Situation einzustellen vermag. Die Seele des Menschen – oder sein Tiefstes – arbeitet also während des gesamten Prozesses der Deutung mit.

Gefragt wird nicht nach Einzelproblemen, wenn auch Fragen zur Person möglich sind (das kann individuell geschehen), sondern nach fünf Richtungen.

Die Figurinen werden nach folgenden Nennungen erstellt, und damit die Reihenfolge der Figurinen und ihre Deutung:

1. Es geht um den Kern des betreffenden Menschen.
2. Es geht um seine Last.
3. Es geht um seine Vergangenheit.
4. Es geht um seine Zukunft.
5. Es geht um sein Ziel, also um seine innere Berufung.

Die Schlußzeichnung sieht folgendermaßen aus: Wir benutzen für das Wort Figurine nur die Buchstaben FG. Um die Reihenfolge klarzumachen, setzen wir vor FG eine Zahl, die mit der oben genannten identisch ist. Das Schlußbild sähe dann wie folgt aus:

	5 FG Ziel QS	
3 FG Vergangenheit QS	1 FG Kern QS	4 FG Zukunft QS
	2 FG Last QS	

Gesamtquersumme (Gesamt-QS)

Die Buchstaben QS bedeuten Quersumme. Sie werden jeweils hinter die gefundene FG geschrieben. Wer will, kann zum Schluß alle fünf Quersummen noch einmal zu einer Gesamtquersumme addieren, um so zusätzlich zu einem zusammenfassenden Urteil zu kommen.

Es ist natürlich möglich, daß in diesem Bild manche Figurinen zwei- oder dreimal erscheinen. Von den Ratsuchenden ist dies nicht zu steuern, weil sie das Prinzip der Herstellung einer Figurine nicht kennen. Sie wissen nicht, daß eine ungerade Zahl einen Punkt ergibt, eine gerade Zahl zwei Punkte. Auch kennen sie ja weder die Deutung der Figurinen noch das, was am Ende herauskommen soll.

Wie schon erwähnt, läßt sich auch das Prinzip der Zahlenauswahl durchaus ändern. Sollte beispielsweise jemand den Schlüssel mitbekommen haben, dann kann der Ratgeber die Zahlen von 1 bis

5 mit nur einem Punkt versehen und den Zahlen von 6 bis 10 (oder bis 30, 40, 50 und so weiter) je zwei Punkte geben oder umgekehrt. Es gibt da viele Möglichkeiten. So etwa, wenn man Zahlen zwischen 20 und 40 wählen läßt, dann aber die Zwanzigerzahlen mit zwei Punkten, die Dreißigerzahlen mit einem Punkt versieht.

Entscheidend ist aber – und das ist äußerst wichtig –, daß dieser Auswahlschlüssel insgesamt für alle Figurinen einer Auslegung immer gleich bleibt. Es versteht sich von selbst, daß nie gesagt wird, nach welchem Schlüssel man die Auswahl traf.

Die Ratsuchenden sollen sich jeweils ganz auf die Worte Kern, Last, Vergangenheit, Zukunft und Ziel konzentrieren. Damit verfügen wir bereits über alle Voraussetzungen, um zu einer Deutung zu kommen, wobei die genannten Etappen jeweils einzuhalten sind.

Die Raucherin

Eine Kettenraucherin, die ihre Süchtigkeit loswerden wollte, bat um eine Gesamtdeutung, um ihre »Kreuzeslast«, wie sie es selbst ironisch formulierte, klarer zu erkennen. Sie nannte in folgender Reihenfolge die Zahlen: 1 – 6 – 6 – 7 = 20, QS 20 = 2. Dies ergab folgende 1. Figurine für den Kern:

⊖
1 FG ⊖ ⊖ QS 2
⊖ ⊖
⊖

Kern: Gefangenschaft

Nun muß die Figurine gedeutet werden. Diese Frau fühlt sich im Kern völlig eingeengt. Die Quersumme zwei offenbart, daß dies vorwiegend im seelischen Bereich auftritt. Im tiefsten hat sie das Gefühl, unfrei zu sein. So dreht sich bei ihr alles um die stete Frage: »Wie werde ich frei?« Die seelische Unsicherheit zieht Unglück förmlich an. Weil wir die anderen Figurinen noch nicht kennen, kann mit Hilfe von außen zunächst nicht gerechnet werden. Diese Frau befindet sich in der Gefahr der inneren Einsiedelei, sie will sich vielleicht öffnen, aber sie wagt es nicht. »Heraus aus den eigenen Mauern« sollte die Lösung des Problems lauten, was aber meist leichter gesagt als getan ist. Denn das Vertrauen zur Außenwelt scheint (noch) völlig zu fehlen. Die Frau produziert stets neue Unsicherheiten und den Wunsch, wenigstens ihren Kern abzusichern, damit dieser nicht vielleicht auch noch beschädigt wird.

Kommen wir zur Figurine für die Last. Die Zahlen waren: 6 – 6 – 4 – 5 = 21 = 3. Die Figurine trägt die Bezeichnung »Trauer« und wird unter 1 FG gesetzt.

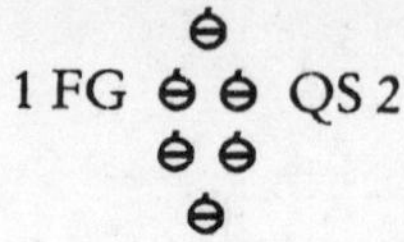

Kern: Gefangenschaft

Last: Trauer

Die Figurine für die Last heißt »Trauer«. Die Last ist übrigens im Menschen immer tief verwurzelt. Die Figurine »Trauer« bedeutet, daß es sich meist um eine Trauer handelt, die im Menschen verankert ist und oft bis in die Kindheit zurückreicht. So ist hier eine doppelte Trauer zu vermerken. Dies ist also zu erkunden und danach schrittweise abzubauen, was viel Arbeit kosten dürfte, weil die Angst vor noch mehr Verlusten die Menschen hemmt. Um Trauer abzubauen, sollte man versuchen, auf andere Personen zuzugehen, aber gerade das heißt ja zunächst, etwas von sich abzugeben. Hier kann eigentlich nur die Liebe helfen, die dieser Mensch erfährt. Grundsätzlich sollte man bedenken, daß kein Mensch ewig Trauer tragen kann, ohne selbst Schaden zu nehmen. Daher sollte hier der Mut gefunden werden, aus sich herauszugehen, um erst anderen und danach sich selbst Freude zu bereiten.

Die Quersumme für die Figurine »Trauer« war die Drei. Das ist die Marszahl. Sie besagt, daß mit viel Willen, Elan und Energie die innere Trauer überwunden werden muß. Doch wie war das in der Vergangenheit? Wenden wir uns 3 FG zu. Die Zahlen sind: 5 – 10 – 7 – 14 = 36 = 9.

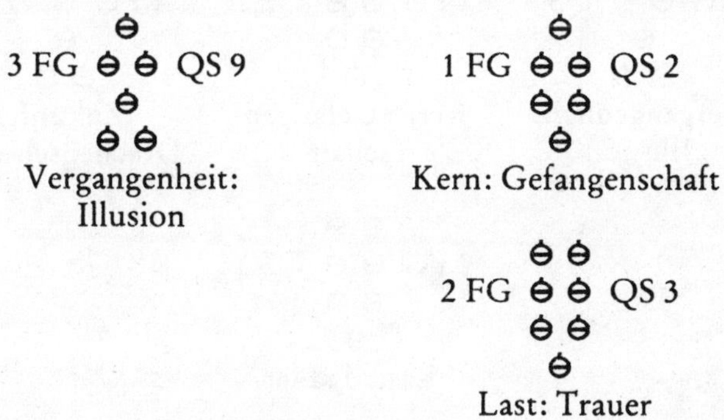

Die Figurine für die Vergangenheit heißt »Illusion«, und als Quersumme haben wir die Zahl Neun, die auch Illusionen vortäuscht. Es dürfte also ziemlich sicher sein, daß wir es im bisherigen Leben der Ratsuchenden überwiegend mit Illusionen oder Träumen zu tun haben, die einfach nicht aus der tief im Inneren verwurzelten Trauer herausführen konnten. Jede Illusion platzt einmal, und dann wird die Enttäuschung noch größer, das Vergraben in eine selbstverschriebene Zurückhaltung immer intensiver. Der Kern, die Gefangenschaft, wird also noch schwerer aufzulösen sein, wenn die Illusionen der Vergangenheit nicht überwunden werden. Für die Zukunft heißt es nur nach vorne schauen! Die 4 FG – für die Zukunft – wurde aus den Zahlen 11 – 21 – 33 – 24 gebildet. Das ergibt die QS 89 = 17 = 8. Wir haben hier also die Venuszahl gefunden.

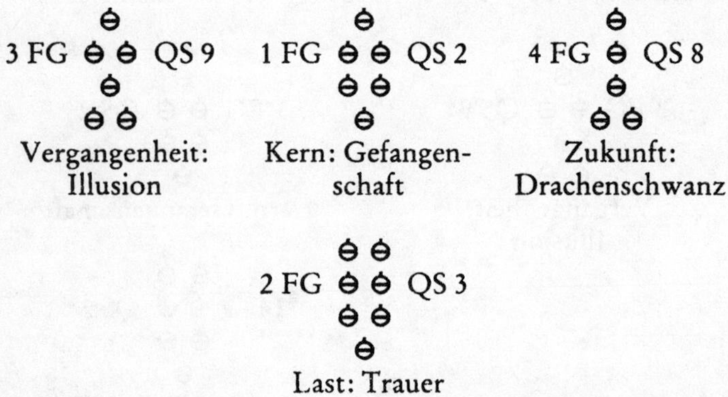

Die Figurine für die Zukunft heißt »Drachenschwanz«, und hier haben wir die Zahl der Liebe und der Kunst. Dies bedeutet, daß die Zukunft mit viel Liebe angegangen werden kann, obwohl man oft meint, immer wieder ins Dunkle zurückgezogen zu werden. Aber jeder Drache gibt schließlich sein Opfer frei, wenn es liebt. Dies sind uralte Märchensymbole, denn in den Mythen wie in den Märchen besiegt die Liebe alles Böse. So ist zu hoffen, daß durch eine Liebe – welcher Art auch immer – die Zukunft doch noch nicht verbaut ist. Die Verluste der Vergangenheit könnten hier ausgeglichen werden.

Nun ist aber nicht immer garantiert, daß jemandem die Liebe begegnet. Liebe ist ein Geschenk, wenn sie nicht kommt, darf das Leben trotzdem nicht aufgegeben werden. Es bleibt die Suche nach der eigenen Berufung, nach dem eigenen Ziel.

Wenden wir uns 5 FG zu. Die Zahlen sind: 4 – 1 – 8 – 7 = 20 = 2. 5 FG heißt »Umkehr«.

Das Gesamtbild

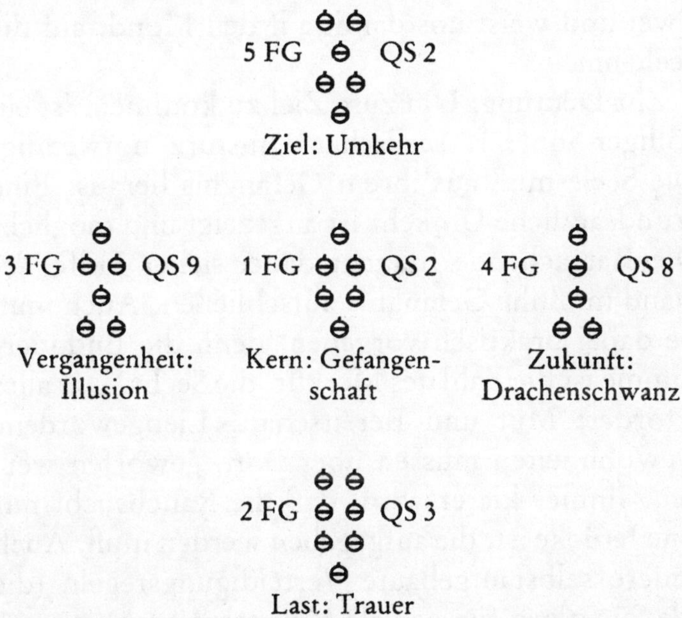

Gesamt-QS 24 = 6.

Die End- oder Gesamtquersumme (Gesamt-QS) setzt sich folgendermaßen zusammen:

1 FG = QS 2
2 FG = QS 3
3 FG = QS 9
4 FG = QS 8
5 FG = QS 2
Gesamt-QS: 24 = 6.

Nun haben wir das Gesamtbild. Die Figurine für das Ziel lautet: »Umkehr«. Die Quersumme ist die Zwei und weist uns damit auf den Mond, auf die Seele hin.

Zur Deutung: Um zum Ziel zu kommen, ist ein völliger innerer, seelischer Umsturz notwendig. Die Seele muß aus ihrem Gefängnis heraus. Eine grundsätzliche Umkehr ist angezeigt und möglich! Die Ratsuchende braucht dabei sicher Hilfe, jemand muß ihr Gefängnis aufschließen. Auch muß sie dabei praktisch vorgehen, denn die Endquersumme ist die Zahl des Merkur, die Sechs. Das alles erfordert Mut und Bereitschaft. Liebgewordene Gewohnheiten müssen über Bord geworfen werden. Immer klarer wird, daß die Rauchsucht nur eine Krücke ist, die aufgegeben werden muß. Auch andere selbstaufgebaute Verteidigungsregeln (die alle Süchtigen für sich als Maßstab setzen) müssen überprüft und wenn möglich abgebaut werden. Hier verlangt die Merkurzahl Sechs klares Handeln und Denken, um erfolgreich einen neuen Schritt ins Leben wagen zu können.

Natürlich müssen nun noch alle fünf Figurinen insgesamt betrachtet werden: Zuerst das, was die innere Last betrifft, dann muß die Vergangenheit aufgearbeitet werden. Die Vergangenheit ist immer eine Schule für die Gegenwart. Schließlich ist die Zukunft mit dem Ziel in Einklang zu bringen. In einem persönlichen Gespräch mit den Ratsuchenden ergeben sich nun wichtige Perspektiven, die natürlich mehr zur Klärung der Situation beitragen. Auffallend ist hier noch, daß zweimal die Zahl Zwei als Quersumme kam, was auf tiefsitzende seelische Probleme hinweist, während die Zukunftszahl Acht dazu auffordert, die Liebe zu mobilisieren. Nur so wären die Illusionen der Vergangenheit zu überwinden.

Der Sohn berühmter Eltern

In die Beratungsstunde kam ein fünfunddreißig Jahre alter Mann, um nach seinen Zukunftsaussichten zu fragen. Er wollte nicht wissen, ob er mal im Lotto gewinne, sondern erfahren, wie er seine Zukunft selbst gestalten könne. Obwohl in einem bekannten und wohlhabenden Haus aufgewachsen – seine Eltern waren berühmte Schauspieler –, hatte er das Gefühl, bisher aus seinem Leben nicht allzuviel gemacht zu haben. Er wurde, wie er sagte, selbstverständlich auch Schauspieler und strebte eine Fernsehkarriere an. Das Theater fand er zu altmodisch.

Viel mehr erzählte er nicht, und so wurde der junge Mann – nennen wir ihn Klaus – nach den ersten vier Zahlen gefragt. Diese Zahlen lauteten: 18 – 6 – 13 – 7 = 44 = 8.

Das ergab als 1 FG für den Kern das »große Glück«.

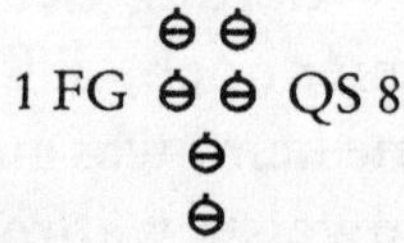

Kern: Großes Glück

Ein schöner Ausgangspunkt für den Kern eines Menschen!

Er scheint reich an Gaben zu sein. Zumindest möchte dieser Mensch das große Glück mit beiden Armen fest ergreifen. Kräfte, um Wunder zu vollbringen, sind vorhanden. Die Gefahr besteht nur darin, daß zu viele Gaben die Menschen daran hindern können, die Geschenke richtig auszuschöpfen. Gaben müssen auch erprobt und ausgebildet werden. Kunst kommt von Können.

Klaus bestätigte dies in vollem Maß. Er hatte eine gute, sehr verwöhnte Kindheit gehabt, und außerdem galt er als ausgesprochen begabt. In kleinen Kinderaufführungen wurde er früh als »Star« angesehen, und alle Möglichkeiten der Welt standen ihm offen. Die Eltern führten eine gute Ehe und waren stolz auf ihr Kind, das sie früh genug ihren Freunden und Kollegen als einmalig präsentierten, so daß Klaus schon als Kind alle Türen offenstanden. Das war auch heute noch der Fall, obwohl sich die Anfangserfolge nicht wiederholten. Von einer Karriere konnte man nicht sprechen.

Die Zahlen von 2 FG lauteten: 4 – 12 – 14 – 20 = 50 = 5. Die Figurine nennt sich »Publikum«.

⊖ ⊖
1 FG ⊖ ⊖ QS 8
⊖
⊖
Kern: Großes Glück

⊖ ⊖
2 FG ⊖ ⊖ QS 5
⊖ ⊖
⊖ ⊖
Last: Publikum

Für das Stichwort »Last« wurde die Figurine »Publikum« gewählt. Sie weist darauf hin, daß immer zwei Wege eingeschlagen werden oder daß die Konzentration auf einen Weg sehr schwerfällt. Außerdem besteht die Gefahr, daß diese Menschen allen gefallen wollen. So hören sie auf jeden, und man kann sagen, daß der letzte, mit dem man sprach, immer recht hatte. Zu viele Begabungen vermögen manche Menschen zu verwirren. Es ist sehr schwer für sie, sich auf das Wesentliche zu konzentrieren.

Aber genau dies ist notwendig, weil sich als Quersumme ja die Fünf ergibt, und das ist die Saturnzahl. Damit ist die Möglichkeit gegeben, sich doch auf das Wesentliche konzentrieren zu können. Natürlich kommt dies sicher erst mit dem Älterwerden, denn Saturn – ein Symbol für die Reife – wirkt erst in späteren Jahren. Klaus sagte, genauso fühle er es, aber natürlich habe er Angst, die besten Jahre zu verlieren. Er erinnerte sich, daß seine Eltern jeweils sehr früh Karriere gemacht hatten, ohne daß sie die Beziehungen gehabt hätten, die ihm zur Verfügung standen. Beide Eltern waren mit Mitte Zwanzig schon sehr anerkannte Schauspieler.

Da tauchte die Frage auf, ob er denn unbedingt Schauspieler werden müsse, warum er denn nicht seinen eigenen Weg gehe. Die Figurine »Publikum« zeige ihm, daß er viele Begabungen besitze, so könne er doch schreiben oder Regie führen oder als Kameramann eine Karriere anstreben.

Dies alles hatte sich Klaus auch schon durch den Kopf gehen lassen, aber seine Eltern waren strikt dagegen. Sie wollten, daß ihre schauspielerischen Fähigkeiten in ihrem Sohn weiterlebten. Eine verzwickte Situation. Um klarzusehen, wurden nun die Zahlen für die 3 FG, also für die Vergangenheit, ermittelt. Diese lauteten: 7 – 24 – 16 – 2 = 49 = 13 = 4. Die Figurine für 3 FG war infolgedessen »Freude«.

⊖
3 FG ⊖ ⊖ QS 4
⊖ ⊖
⊖ ⊖
Vergangenheit:
Freude

⊖ ⊖
1 FG ⊖ ⊖ QS 8
⊖
⊖
Kern: Großes Glück

⊖ ⊖
2 FG ⊖ ⊖ QS 5
⊖ ⊖
⊖ ⊖
Last: Publikum

Die Vergangenheit zeigt Freude an, was nicht verwunderlich erscheint, denn bis vor kurzem nagten ja keine Zweifel an dem Sohn der berühmten Eltern. Auch wurde jedes Debüt als Schauspieler sehr gut beurteilt, und ihm standen alle Türen noch lange offen, auch als sich die großen Erfolge nicht so wie ersehnt und gewünscht einstellten. Der solide Unterbau, den die Eltern gaben, erwies sich als sehr beständig. Man schob (noch) alles darauf, daß er nicht den richtigen Lehrer gefunden hatte, und ließ ihm die beste Ausbildung in Wien und in New York zukommen. Aber die Kritik fiel zunehmend schärfer aus, und seine Leistungen wurden nur noch als beachtenswert eingestuft. So kamen langsam immer mehr Zweifel auf, ob Klaus auf dem richtigen Weg wäre.

Die Figurine für die Zukunft beruhte auf den Zahlen 6 – 3 – 5 – 7 = 21 = 3. Die Figurine heißt »Drachenkopf«.

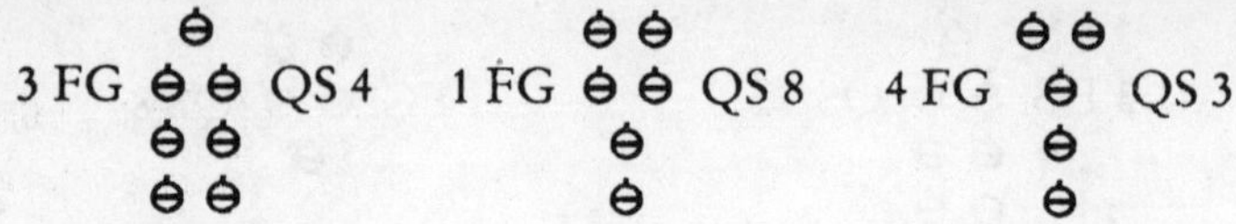

Vergangenheit: Freude — Kern: Großes Glück — Zukunft: Drachenkopf

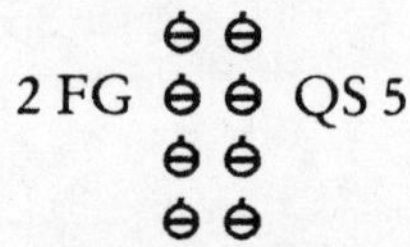

Last: Publikum

Für die Zukunft stand die Figurine »Drachenkopf«. Das war wesentlich, denn der Drachenkopf symbolisiert ja die Überwindung des eigenen Ichs. Allerdings wird dazu eine aggressive Kraft benötigt, weil die Siege über sich selbst immer als die am schwersten errungenen Siege schlechthin gelten. Es wird Wagemut verlangt. Klaus sollte also das »Erbe« in sich bezwingen und so seinen eigenen Weg gehen. Der Drachenkopf signalisiert auch, daß eventuell eine Auseinandersetzung mit den Eltern in Kauf genommen werden muß. Es geht um die geistige Abnabelung, um den Blick auf die eigenen Ziele, notfalls gegen Sonne (Vater) und Mond (Mutter), die der Drachenkopf am Himmel ja verschlingt, wie von der Astrologie her bekannt ist.

In der Sonne wurde einst nicht nur der Gottvater, im Mond nicht nur die Himmelsmutter gesehen, sondern man erkannte in den Gestirnen stets auch die leiblichen Eltern wieder. Selbst im Alten Testament unserer Bibel finden wir dafür Hinweise. In unserem Fall hieß es also, sich über den Willen der Eltern hinwegzusetzen, um den eigenen Weg in die Zukunft zu gehen. Der Drachenmut muß dazu alle seine Kräfte anspannen! Das ist das Wesentliche! Da die Zukunft immer am besten dann gestaltet wird, wenn man ein festes Ziel vor Augen hat, wurde nun nach den Zahlen für das Ziel gefragt. Diese waren: 23 – 33 – 12 – 5 = 73 = 10 = 1. Die FG hieß daher »Wurzel«.

Das Gesamtbild

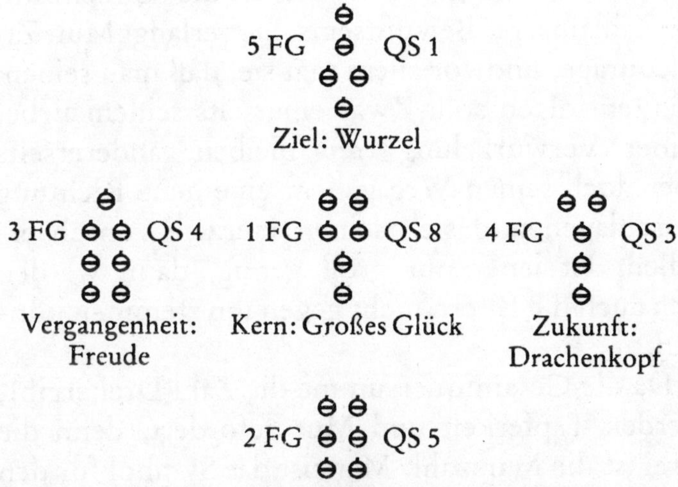

Gesamt-QS: 21 = 3.

Jetzt haben wir das Gesamtbild. Die oberste Figurine zielt also auf die Wurzel. Hier ist entscheidend a) die Figurine, dann b) die Quersummenzahl. Zunächst zur Wurzel: Der Ratsuchende hat sich immer auf seine Herkunft (die Wurzel seines Daseins) zu besinnen, aber er muß sich vor einer ewigen Verwurzelung hüten. Er darf sich nicht darauf verlassen, daß seine Eltern stets alles für ihn tun. Das wäre für sein Ziel sehr hinderlich. Aus seinem Erbe das Beste machen, so könnte man den Rat formulieren: besonnen mit seinem Erbe umgehen. Klaus soll sich zwar treu bleiben, aber seinen eigenen Weg finden. Die Quersummenzahl Eins unterstreicht dies noch besonders. Die Eins ist die Sonnenzahl, die Zahl unseres Bewußtseins. Sie verlangt Mut, Zivilcourage, und vor allem sagt sie, daß man seinem Herzen folgen soll. Zwar einerseits seinem Erbe, seiner Verwurzelung treu bleiben, andererseits aber doch seinen Weg gehen, eine neue Richtung einschlagen und sich seinen Herzenswunsch erfüllen. Ist jener nur groß genug, dann werden sich auch die Eltern nicht gegen ihn stemmen können.

Da die Gesamtquersumme die Zahl Drei ergibt, werden Tapferkeit und Mut gefordert, denn die Drei ist die Marszahl. Mars ist das Symbol für den eigenen Willen, das Symbol für Kraft und Energie. Die Aufgabe heißt also: Hüte dein Erbe in dir, folge aber deiner Kraft und deinem Willen. Verlaß dich auf deine ureigene Energie. Werde selbständig, denn erst dann bis du reif, deinen Weg zu gehen.

Klaus konnte mit diesen Deutungen sehr viel anfangen. Natürlich gab es noch manche Gespräche. Aber dann faßte er den Entschluß, sich der Regie zuzuwenden. Doch er wählte sich seine Lehrer (bei denen er als Regieassistent arbeitete) allein aus. Jetzt ist er auf dem besten Weg, sich seine eigenen Erfolge zu verdienen, auch wenn er vielleicht nie so berühmt werden wird, wie seine Eltern es von ihm erwarteten. Aber mit dieser Tatsache hat er sich mittlerweile abgefunden.

Karriere- oder Ehefrau?

Ein Problem, das heute immer wieder in der Beratung besprochen werden muß. Eine sehr erfolgreiche Werbemanagerin verliebte sich Hals über Kopf. Nie hatte sie geglaubt, daß dies möglich wäre! Das Problem war nur, daß der Mann in ihren Augen sehr konservativ war. Er wollte Kinder und eine Ehefrau, die ihre Aufgabe nur in der Mutterschaft sah.

Auf einer anderen Ebene war mit ihm nicht zu reden, obwohl er sich sonst sehr tolerant und großzügig zeigte. Sein Entgegenkommen bestand darin, daß er seiner zukünftigen Ehefrau bestenfalls gestatten würde, in ihren Beruf zurückzukehren, wenn alle seine Kinder (noch war keines geboren) das Abitur gemacht hätten. Für die Frau – wir nennen sie Irene – war so ein Standpunkt unmöglich und frauenfeindlich, aber ihre Liebe zu diesem Mann warf eben alle vorgefaßten Meinungen immer wieder über den Haufen. Sie konnte sich nicht schlüssig werden, suchte überall Rat und kam so in die Beratungspraxis, um ihr Problem auch von der Seite der Geomantie her zu beleuchten.

Soweit die Ausgangslage. Danach wurden die Zahlen für 1 FG, den Kern, ausgewählt. Diese waren: 12 – 5 – 9 – 6 = 32 = 5. Die Figurine hat den Namen »Vereinigung«.

1 FG  QS 5

Kern: Vereinigung

Der Kern besagt, daß die Ratsuchende im Grunde keine Einzelgängerin ist. Die Gemeinschaft und die Vereinigung spielen wohl stets eine große Rolle in ihrem Leben. Dies gilt ganz besonders für die Partnerschaft. Alles, was sie tut und plant, sollte auf eine Mitarbeit ausgerichtet sein. Auch wenn sie Karriere machen will, bedarf es der Mitarbeiter, aber je höher man steigt, desto einsamer wird man. Es sei denn, die Mitarbeit würde auch eine erweiterte Partnerschaft bedeuten. Vom Kern her ist wohl kaum das Glück oder jedes andere Ziel im Alleingang zu erreichen, eine Einzelgängerin oder Außenseiterin ist Irene demnach nicht. Das muß sie bedenken, wenn sie den Weg der Karriere einschlagen will.

Die Quersummenzahl ist die saturnische Fünf. Saturn steht zwar für Beschränkung, was aber nicht heißt, allein durchs Leben zu gehen, sondern Irene soll sich auf einige wenige, treue Partner beschränken, mit denen sie dann unbeirrt die Höhen und Tiefen dieses Lebens bewältigen wird. Also keine große Gemeinsamkeit, aber eine feste, zuverlässige Union ist anzuraten.

Kommen wir nun zur 2 FG, die immer genau unter 1 FG liegt. Die Zahlen sind: 1 – 15 – 23 – 25 = 64 = 10 = 1.

1 FG  QS 5

Kern: Vereinigung

2 FG  QS 1

Last: Weg

Wie es die Figurine »Weg« aussagt, ist die sogenannte Last der ratsuchenden Irene, zu konsequent zu sein, immer ihren Idealen und Vorstellungen zu folgen. Sie kennt nur ein »Entweder – Oder«. Mit der Sehnsucht nach Vereinigung scheint dies vordergründig nichts zu tun zu haben, in Wahrheit aber sehnt sie sich vielleicht nach einer Verbindung. Doch aus Angst, daß die nicht gelingen könnte, geht sie ihren eigenen Weg. Das wird durch die Sonnenzahl Eins noch besonders unterstrichen. Mit dieser Zahl folgen die Menschen *ihrem* Herzenswunsch, ohne zu berücksichtigen, daß es im Leben immer auch auf den Herzenswunsch der anderen ankommt.

Da ist viel Egozentrik wegzuräumen – egal, ob die Karriere oder die Ehe angestrebt wird.

Nachdem wir nun den Kern (Vereinigung) und die Last kennen, ist zu untersuchen, wie sich dies in der Vergangenheit ausgewirkt hat. Welche Spuren sind in Irene eingegraben? Dazu berechnen wir die 3 FG mit den Zahlen: 8 – 11 – 45 – 42 = 106 = 7.

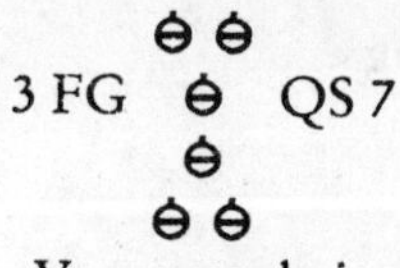

Vergangenheit: Vereinigung

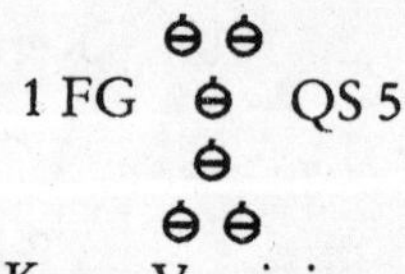

Kern: Vereinigung

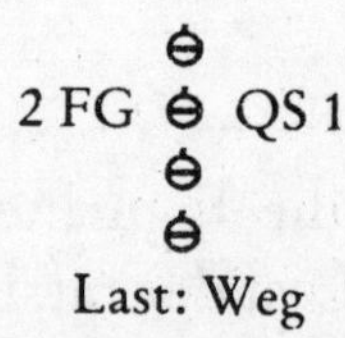

Last: Weg

Die dritte Figurine zeigt uns an, daß in der Vergangenheit der Wunsch nach Vereinigung stets vorhanden war. Das kann sich auch auf die Karriere beziehen. Aber das wirkliche Alleingelassensein, das bei großen Karrieren unvermeidlich ist, hatte Irene noch nicht erlebt. Sie konnte sich mit Kollegen, Freunden oder in flüchtigen Partnerschaften arrangieren. Das weist auch die Zahl Sieben, die Zahl des Uranus, aus, die ja darauf hindeutet, daß immer etwas Neues oder Aufregendes in das Leben trat. Das »Entweder -- Oder« gab es noch nicht. Vergangenheit und Kern decken sich.

Nun ging es mit der 4 FG um die Zukunft. Die Zahlen: 2 – 4 – 7 – 11 = 24 = 6.

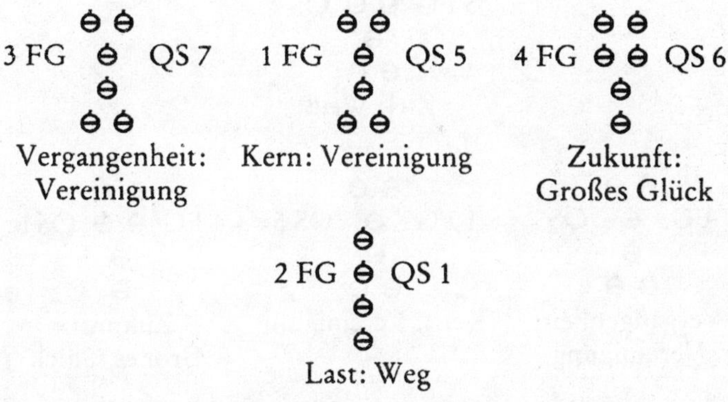

Die Zukunft verspricht nun das große Glück. Aber kein großes Glück fällt Menschen in den Schoß. Man muß darum ringen, und – wie es die Merkurzahl Sechs anzeigt – auch auf pragmatische Art und

Weise. Jetzt kommt die Realität mit ins Spiel, und damit die Frage, was machbar ist, was nicht. So wird das Problem höchst aktuell: Karriere oder Ehe und Kinder? Die Bedingungen, die der Mann stellt (man mag sie für altmodisch halten), sind schwerwiegend, und Irene muß sich entscheiden. Sie weiß, daß es um ihr großes Glück geht. Dies kann sie sowohl in der Karriere als auch in der Ehe finden. Entscheidend ist nun wirklich das innere Ziel.

Die Zahlen für 5 FG, das Ziel, lauten: 10 – 20 – 29 – 32 = 91 = 10 = 1.

Das Gesamtbild

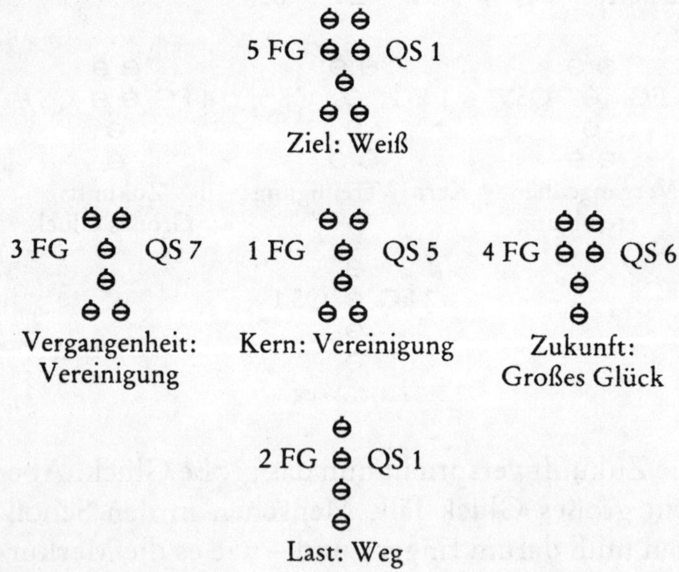

Gesamt-QS: 20 = 2.

Das Ziel wird durch die Figurine »Weiß« symbolisiert. Sie versinnbildlicht die Sehnsucht nach dem Licht, nach der Liebe im Himmel wie auf der Erde. Eigentlich ziemlich klar, daß dem innersten Ziel doch die Partnerschaft entspricht. Dieses Licht wird nicht so sehr im materiellen Bereich, sondern im Inneren gesucht, wobei das gegenseitige Vertrauen eine große Rolle spielt. Aus den (guten) Gefühlen kommt die Kraft, wobei neben der Liebe auch die Kunst starken Einfluß haben kann. Die Ratsuchende ist in der glücklichen Lage zu bestätigen, daß ihr eventuell künftiger Mann ihr dies alles bieten könnte. Denn bei einer Berufskarriere bliebe das musische Interesse erst einmal auf der Strecke, dafür wäre dann keine Zeit. Angst hatte sie übrigens vor der Meinung ihrer Freundinnen und Kolleginnen, die sie sich mit ihrem Handeln sicher zu Feindinnen oder Gegnerinnen machen würde.

Sie sagte: »Ich muß mehrmals über den Schatten springen, einmal bei mir, aber dann auch in der heutigen gesellschaftlichen Situation.« Dies fiel ihr sichtlich schwer. Daraufhin machten wir sie auf die Zahl Eins, die Sonnenzahl, für die Ziel-Figurine aufmerksam, die doch dafür steht, dem eigenen Herzenswunsch zu folgen. Und da die Gesamtquersummenzahl die Zahl Zwei – also die Zahl des Mondes, damit auch die Zahl der Mütterlichkeit – sei, wäre doch der Weg vorgezeichnet. Schließlich würde durch das Ziel (5 FG Weiß) und die Gesamtlage (Zahl Zwei) die Last (2 FG Weg) ausgeräumt, denn das rein egozentrische Handeln und Denken wäre bei einer Bindung und Familiengründung nicht mehr dominierend. Die Antwort war also ziemlich eindeutig.

PS: Irene entschloß sich für die Ehe. Vielleicht weniger wegen der Geomantie, wenn diese auch ihren inneren Entschluß bestätigte, sondern weil sie ihrem Herzenswunsch folgte. Konsequent gab sie ihre angefangene Karriere auf, und sie schien glücklich zu sein und zu werden. Die Ehe hält seit gut fünf Jahren, und sie haben zwei gesunde Kinder.

10

Der Weg zur Mitte

Eine interessante Variante der Punktierkunst lernen wir unter dem Titel »Der Weg zur Mitte« kennen. Viele Menschen suchen heute ihre Mitte. Die Zeit hat es mit sich gebracht, daß manche sie verloren haben, weil sie einseitig geworden sind, weil das Äußere (das Exoterische) wichtiger als das Innere (das Esoterische) geworden ist. Die Menschen sind aus dem Gleichgewicht geraten. Aber hat man erst einmal die Balance verloren – das weiß jeder, der einmal ins Taumeln gerät –, ist es schwer, das Gleichgewicht wiederzufinden.

Hier kann nur der Blick in das eigene Innere helfen. Der Weg zur Mitte umfaßt folgende Stichworte:

Ausgangspunkt des Ichs
Aufstieg
Höhe
Erkenntnis
Ziel

Gleichgewicht

Wichtig sind also der Ausgangspunkt des Ichs, der Aufstieg (meist über den Beruf), ferner die angestrebte Höhe, dann die Einsichten in die gewonnene Erkenntnis, was zum inneren Realitätsblick führt. Schließlich muß der innere Realitätsblick (der nichts mit der äußeren Realität zu tun haben muß) über das pragmatische Ziel mit dem Ausgangspunkt des Ichs zusammengebracht werden, um das innere Gleichgewicht zu finden. Es ist wie ein Kreislauf der Erfahrungen, der – wie die Zeichnung zeigt – im Uhrzeigersinn abläuft. Wir haben also wieder fünf Figurinen, die etwa in Kreisform aufgezeichnet werden. Die Figurinen werden genauso gefunden wie bisher, also über jeweils vier Zahlen, wobei auch wieder die Quersummen und die Schlußquersumme eine Rolle spielen. Die Schlußquersumme stellt dar, über welche innere Kraft das Gleichgewicht zu finden wäre. Der Weg führt also vom Ausgangspunkt zum Gleichgewicht. Das folgende Schema verdeutlicht dies:

3 FG Höhe
×

2 FG Aufstieg × × 4 FG Erkenntnis

1 FG Ausgangspunkt des Ichs × × 5 FG Ziel

Gleichgewicht

Der Ausgangspunkt ist mit dem noch ungeformten und unerfahrenen Urwesen der ratsuchenden Personen gleichzusetzen. Hier hat das Leben noch keine Spuren hinterlassen, alle Ideale sind noch gültig. Die 1 FG symbolisiert also das Ursprüngliche eines jeden von uns, das im Leben mit Bestimmtheit immer wieder durchschlägt, wenn auch mit der Zeit stetig schwächer werdend, denn bei allen hinterlassen die Jahre mehr oder weniger eindringliche Spuren.

Die 2 FG »Aufstieg« ist meist (nicht immer) mit dem Beruf gleichzusetzen. Jeder macht seinen Aufstieg, der selbstverständlich auch ein Abstieg sein kann, wenn der Aufstieg nicht gelingt. In der Regel aber bekommen alle eine Startchance, die wir mehr oder weniger gut nutzen können.

Die 3 FG zeigt die Höhe an, die nicht erreicht werden muß! Es geht mehr um das Streben, damit um die eigene Berufung, um die Verwirklichung der eigenen Ideale, Wünsche und Träume. Die Verwirklichung der Höhe ist individuell höchst verschieden, muß aber immer bezahlt werden. Dabei gilt: Je höher jemand kommt, desto gefährlicher wird ein eventueller Sturz. Der Abstieg ist nach Erreichen der Höhe vom Schicksal längst eingeplant. Dieser Abstieg (oft auch ein Fall) führt meist zu einer inneren Erkenntnis – unserer 4 FG –, einer Erkenntnis, die jeden Menschen doch gewaltig verändert. Nun setzt das Leben den Hobel an. Und dieser Hobel führt zum pragmatischen Ziel, unserer 5 FG , zur pragmatischen Realität. Um es noch einmal deutlich zu sagen: Die individuelle Realität hat nichts mit dem zu tun, was allgemein unter dem Begriff Realität verstanden wird. Sondern jeder hat seine Realität.

Immerhin zeigt die 5 FG unser erreichbares Ziel, also all das, was für das individuelle Ich möglich ist. Oft heißt dies, daß manche Illusionen über Bord geworfen werden müssen. Nun gilt es, das ursprüngliche Ich oder den Ausgangspunkt des Ichs (1 FG) mit dem möglichen Ziel (5 FG) zu kombinieren. Gelingt dies, wird das Gleichgewicht gefunden sein; gelingt dies nicht, ist es gestört, muß an der Erlangung des Gleichgewichts sehr intensiv gearbeitet werden.

Bei dieser Variante der Geomantie geht es also um die Entwicklung des Menschen, über die es sich lohnt, nachzudenken.

Fernweh und Heimweh

Unruhig saß er dem Berater gegenüber. Ruhelosigkeit trieb ihn. War er daheim, wollte er in die Ferne, war er in der Ferne, wurde er vom Heimweh erfaßt. Und so ging es sein Leben lang. Immer lockte ihn das andere Extrem. Mal wollte er nur ausruhen, dann wiederum wurde er von Arbeitswut gepackt.

Mal trank er viel, dann war er ein konsequenter Antialkoholiker. Ein Mensch voller Gegensätze, der nun endlich wissen wollte, wo und wie er seine Mitte fände.

Die Zahlen für 1 FG »Ausgangspunkt des Ichs« waren: 4 – 7 – 2 – 8 = 21 = 3. Das ergab die Figurine »Rot«.

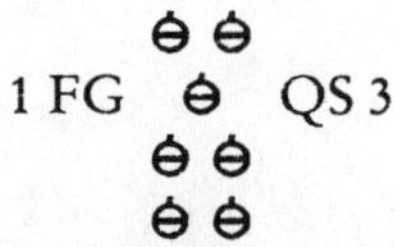

Ich: Rot

Diese Figurine symbolisiert die Leidenschaft, den feurigen inneren Antrieb mit der Gefahr der inneren Ruhelosigkeit. Abenteuerstimmung ist vorhanden, die Ferne lockt, und man kann von einem ausgeprägten Erlebnishunger sprechen. Immer wieder muß etwas gewagt werden.

Bei so einer Veranlagung liegen die Gefahren nicht allzuweit entfernt, aber es ist auch der Mut vorhanden, diese Gefahren zu bestehen. Niederlagen schrecken nicht, der Siegeswille bleibt ungebrochen.

Die Marszahl Drei unterstreicht dies alles noch im besonderen Maß. Der innere starke Drang bewirkt sicher, daß man nicht immer sehr vernünftig und pragmatisch handelt. Jedes Ich will aufsteigen, steigt auch auf. Damit ist zwar nicht garantiert, daß der Aufstieg gelingt, aber Aufstiegschancen, die relativ zu werten sind, hat jeder. Oft hängt es vom ersten Start ab, wie sich das Leben gestaltet. Frühreife Menschen haben es hier leichter als die sich zögernder entwickelnden, deren Aufstieg zwar langsamer, aber schließlich doch konsequenter erfolgt.

Die Aufstiegszahlen heißen hier: 4 – 3 – 8 – 7 = 22 = 4. Das ergibt für 2 FG die Figurine »Umkehr«.

2 FG  QS 4

Aufstieg: Umkehr

1 FG  QS 3

Ich: Rot

Von 1 FG Ich: Rot geht es also zu Aufstieg: Umkehr. Das scheint recht logisch zu sein, denn das feurige Temperament bringt sicher beim Berufsstart, beim Aufstieg manchen Umsturz. Nicht nur für andere, sondern ebenso für den Betreffenden selbst. Sicher rühren auch von daher die inneren Gegensätze. Unser Mann – von Fernweh getrieben – war zur Ansicht gekommen, im eigenen Land keine echten Aufstiegschancen zu haben. So ließ er sich als Ingenieur in den Nahen Osten verpflichten.

Aber lange hielt er es dort nicht aus, er ging schnell zum Heimatwerk zurück. Dort jedoch wurde es ihm nach weiteren achtzehn Monaten zu eng, und er ließ sich nach Algier versetzen. So ging es ein gutes Jahrzehnt hin und her, und die wiederholte Umkehr, die dauernde Suche nach neuen Aufgaben hinderten ihn daran, echte Karriere zu machen; denn sobald es schwierig wurde, ließ er sich versetzen.

Die Zahl Vier – also die Jupiterzahl – zeigt zwar große Entfaltungschancen, um seinen Lebenssinn zu verwirklichen, aber auf die Höhe kam er nicht. Zwar war er in seiner Arbeit so tüchtig, daß sein Heimatwerk ihn immer als Festangestellten hielt, aber die ersehnte Position, um selbständig ein Bauvorhaben zu planen und zu leiten, erreichte er nie. Kein Wunder, daß er so langsam verzweifelte. Die Ausrede vor sich selbst war immer: »Erst will ich die ganze Welt sehen, damit ich weiß, wo ich mich eines Tages fest niederlasse.« Dieser Vorwand wurde schließlich zur Lebenslüge, doch seine innere Unruhe änderte sich dadurch nicht zum Besseren.

Stationen seines Wirkens: China, Südamerika, Kanada, Südafrika, Nigeria, der Iran, schließlich die Türkei. In der Zeit, als er in der Türkei seiner Arbeit nachging, kam er in die Beratungsstunde. Fünfundzwanzig Jahre seines Berufslebens waren inzwischen vergangen.

Nun wollte er wissen, wie es um seine eigene Wertung, um seine Höhe aussah. Die Zahlen für

3 FG »Höhe« lauteten: 12 – 2 – 14 – 1 = 29 = 11 = 2. Die Figurine: »Trauer«.

Damit ist jetzt schon klar, daß das Seelische, die innere Tiefe mitbeachtet werden muß, wie es die Mondzahl Zwei anzeigt.

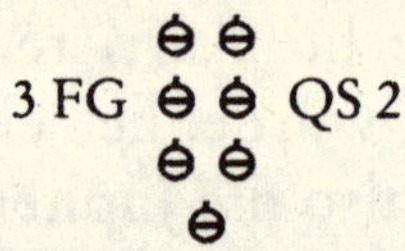

Höhe: Trauer

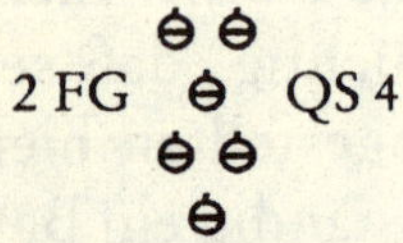

Aufstieg: Umkehr

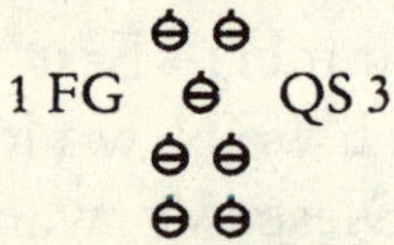

Ich: Rot

Die Figurine »Trauer« sagt im Zusammenhang mit der Mondzahl Zwei aus, daß der Fragende mit dem Fliehen in die Ferne kaum Glück haben dürfte. Die Figurine symbolisiert vielmehr die Arbeit an der Wurzel, also hier am eigenen, oft unbeherrschten Temperament, an der inneren Leidenschaft. Der Fragende scheint einfach zu äußerlich zu handeln und nicht auf die inneren Stimmen zu hören. Vielleicht weiß er gar nicht, daß es »innere« Stimmen gibt. So lebt in ihm eine Trauer über (vielleicht) Nichterreichtes, die ihm kaum bewußt ist. Sie äußert sich nur in Unruhe, in einem unsteten Treiben von Ort zu Ort. Ein Mann, der auf der Flucht vor sich selbst ist.

Solange ich jedoch fliehe, so lange kann ich nicht zur Erkenntnis kommen! Dies leuchtete unserem Ingenieur sehr wohl ein, und es überraschte ihn daher kaum, daß nun die Zahlen für die Figurine der Erkenntnis gesucht wurden.

Diese lauteten: 10 – 4 – 3 – 14 = 31 = 4. Die Figurine: »Weiß«.

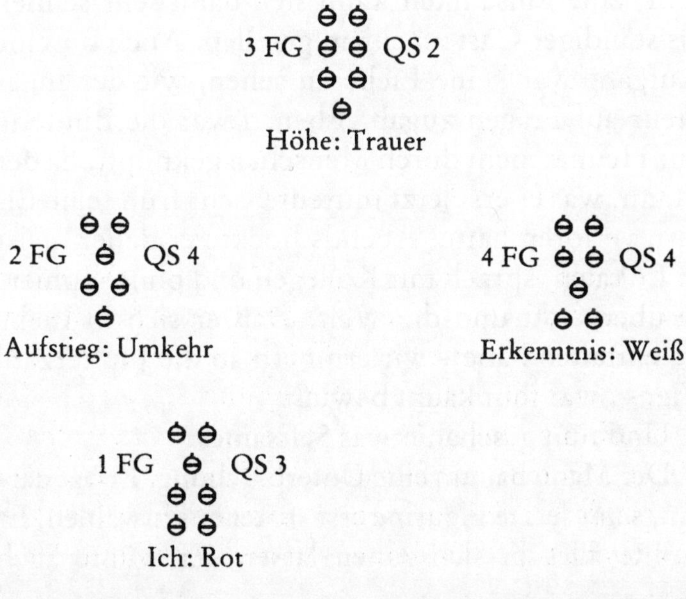

Die Erkenntnis-Figurine lautet »Weiß« mit der Quersumme des Jupiters, der Vier. Die Entfaltung ist also in der Liebe zu suchen. Nun hatte der Fragende sehr, sehr viele Abenteuer, aber direkt darauf angesprochen, mußte er zugeben, daß er einer Liebe nie begegnet war. Er meinte nur: »Das hätte mich ja an einem Ort festgehalten.«

Damit liegt das Grundproblem dieses Menschen schon ziemlich eindeutig vor uns.

Die Höhe ist für die Seele unbefriedigend, ja tieftraurig. Sicherlich, weil eben keine Liebe, keine Bindung, keine Aufgabe für das Du hier zu finden waren. Ohne Liebe, ohne die Kraft, sich zu verlieren, um sich hinzugeben, ist es auf der Höhe meist sehr kalt. Einsamkeit kann sich dann sehr schnell als ständiger Gast zu einem gesellen. Auch für eine Aufgabe war keine Liebe zu sehen, wie der Ingenieur auf Fragen zugab. Ebenso war die Bindung zur Heimat nicht durch Menschen geknüpft, da der Mann, was er erst jetzt mitteilte, sehr früh seine Eltern verloren hatte. Abends hockte er daher meist in Lokalen, sprach mit Kollegen und philosophierte über Gott und die Welt. Daß er sich in Liebe zu entfalten habe – wir erinnern an die Jupiterzahl Vier –, war ihm kaum bewußt.

Und nun geschah etwas Seltsames:

Der Mann bat um eine Unterbrechung. Er bat darum, seine letzte Figurine erst später auszuwählen. Er wollte alles in sich ruhen lassen. Er wüßte auch nicht, ob er wiederkäme (die alte Unruhe hatte von ihm Besitz ergriffen), er wollte sich jedoch melden. Er bat, alle Zeichnungen aufzuheben, um diese »Sitzung« vielleicht eines Tages fortzusetzen. Es dauerte ein knappes halbes Jahr, da rief er wieder an und er meinte, nun wäre er soweit, sich über »sein« Ziel nähere Informationen geben zu lassen. Dann kam er und wählte die Zahlen aus: 18 – 5 – 11 – 16 = 50 = 5. Die Figurine: »Vereinigung«.

Das Gesamtbild

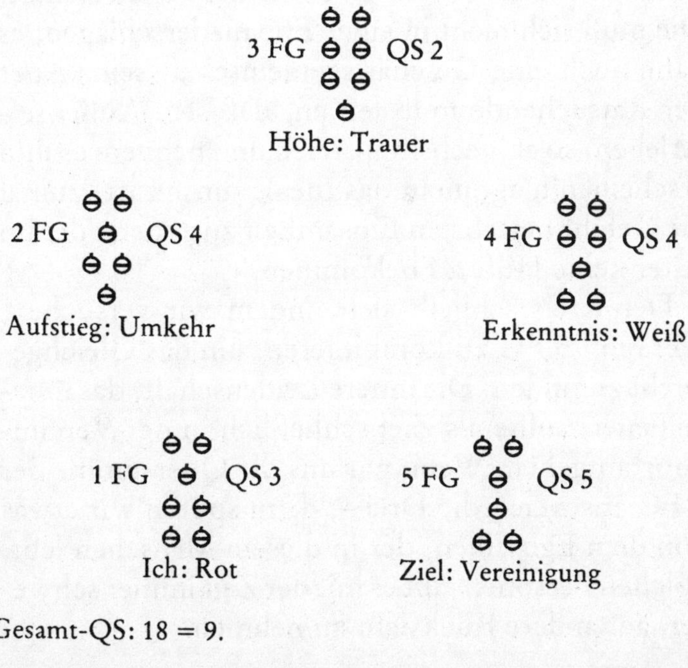

Gesamt-QS: 18 = 9.

Damit haben wir nun das Gesamtbild der Deutung. Die Gesamtquersumme ist die Neptunzahl Neun.

Das Ziel besteht also darin, zu einer Gemeinsamkeit zu kommen, zunächst egal mit wem. Der Fragende scheint innerlich auf dem Weg zu sein, und er erkennt, daß es mit dem Alleinsein nun nicht mehr so weitergeht. Das Herumvagabundieren sollte jetzt doch ein Ende haben.

Aber mit wem sich verbinden, mit wem eine Union eingehen, wenn kein geeigneter Mensch vorhanden ist? Nun, die Erfahrung sagt da erst einmal, daß man für eine Verbindung offen sein muß. Ohne dieses Offensein gibt es keine Partnerschaft. Die muß sich nicht in einer Ehe niederschlagen, es kann auch eine Geschäftsgemeinschaft sein. Aber der Ratsuchende muß lernen, daß sein Außenseiterleben, so abwechslungsreich und bequem es ihm erscheinen mag, nicht das Ideale für ihn ist, zumal die Gefahr besteht, in Einsamkeit zu enden oder im Alter keine Hilfe zu bekommen.

Der Kreis schließt sich, indem wir versuchen, 1 FG mit 5 FG zu kombinieren, um das Gleichgewicht zu finden. Die innere Leidenschaft, das innere Feuer, sollte als Ziel schließlich in der Vereinigung aufgehen. Wenn wir uns die Quersumme der 1 FG ansehen – die Drei –, dann spüren wir etwas von dem Egowillen, der in diesem Menschen lebt. Solchen Personen fällt es mit der Zeit immer schwerer, auf andere Rücksicht zu nehmen.

Aber die Quersumme der 5 FG ist die saturnische Fünf, also die Zahl des Schicksals, der Konzentration, der Beschränkung auf das Wesentliche. Und das Wesentliche ist die Vereinigung, die Gemeinsamkeit. Dahin hat sich der (noch oder einst) ungezügelte Wille zu entwickeln. Eine schöne Aufgabe.

Die Gesamtquersumme ist die Neun. Das ist die Zahl des Neptun. Und damit die Zahl des Grundlebensinstinkts, auch die Zahl, die über Illusionen zur Inspiration führt. In der Zahl Neun liegt vom Wortklang bereits »das Neue« drin, ein weiterer Hinweis, daß »neu« anzufangen ist.

Der Ratsuchende hörte sich alles sehr konzentriert an, bedankte sich vielmals und ging. Erst erheblich später sickerte die Nachricht durch, daß er seinen Entschluß, eine Familie zu gründen und sich ein Haus zu bauen, in die Tat umgesetzt hatte.

Bilanz einer Leistungssportlerin

Sie trat mit großen, selbstbewußten Schritten ins Beratungszimmer. Sie wirkte – als Leistungssportlerin – durchtrainiert und drahtig.

Und doch, sie war deprimiert. Schnell berichtete sie, daß sie eine Mannschaftsführerin im Frauenhandball war, doch auch in der Leichtathletik gehörte sie als Hochspringerin zur Landeselite. Aber ihre Tage – sie arbeitete beruflich im Sozialbereich – waren voll ausgeplant. Für private Freuden oder Gesellschaften blieb keine Zeit. Auch ihrer Liebe zu Opern- und Theaterbesuchen konnte sie kaum nachgehen.

Trotzdem wurde sie – ihrer Erfolge wegen – von den Menschen ihrer Umgebung beneidet, nur glücklich fühlte sie sich nicht. Die Zahlen zur 1 FG lauteten: 4 – 8 – 3 – 7 = 22 = 4. Die Figurine: »Großes Glück«.

1 FG

QS 4

Ich: Großes Glück

Diese Figurine symbolisiert den Erfolg des Ichs. Eigentlich kann ein Mensch mit dieser Figurine als Ausgangspunkt kaum untergehen. Es ist die Joker-Figurine. Diese Personen können alles von sich aus erreichen, sie benötigen kaum fremde Hilfe. Das Problem ist die Glücksbewahrung, also, das Glück festzuhalten. Der Weg in die »goldene« Welt ist leicht, aber nicht jeder wird in dieser Welt glücklich.

Die Jupiterzahl Vier als Quersumme signalisiert ferner (oder zusätzlich), daß die sinnvolle Entfaltung von Wichtigkeit ist. Die Sportstunden in der Schule brachten der Ratsuchenden schon als Kind erste Erfolge, so daß sie von ihren Lehrern gedrängt wurde, in einen Sportverein einzutreten. Das alles machte ihr viel Spaß, sie galt in ihrer Schule etwas, wurde Sprecherin ihrer Klasse und fühlte sich sehr wohl. Auch vermißte sie (noch) nicht die Stunden, in denen ihre Klassenkameradinnen spielend herumtobten, während sie beim Handball und in der Leichtathletik ihre Trainingsstunden absolvierte. Sie fühlte sich sehr früh erwachsen und trainierte bereits mit allem Ernst. Andere Eltern stellten sie immer als Beispiel hin, wenn sie ihren Kindern etwas beibringen wollten. Das hatte zur Folge, daß sie von ihren Schulkameradinnen nicht gerade geliebt wurde.

Damit kamen wir zur Aufstieg-Figurine. Die Zahlen lauteten: 12 – 5 – 14 – 18 = 49 = 13 = 4. Die Figurine: »Rot«.

⊖ ⊖
2 FG ⊖ QS 4
⊖ ⊖
⊖ ⊖
Aufstieg: Rot

⊖ ⊖
1 FG ⊖ ⊖ QS 4
⊖
⊖
Ich: Großes Glück

Die Figurine »Rot« drückt den großen Entfaltungswillen aus, der in der Leistungssportlerin lebte. So wurde der Aufstieg rasant vorangetrieben, womit die Berufswahl kein Problem mehr darstellte. Sie wollte Trainerin oder Sportlehrerin werden. Doch zunächst widmete sie sich nur dem Leistungssport. Wir haben bei beiden Figurinen die gleiche Quersummenzahl. Es ist die Vier, also das Jupiterhafte, das zur Höhe strebt. Die Frage ist nur, ob die Entfaltung den richtigen Sinn findet, denn ohne Lebenssinn werden einem später die Jugenderfolge fast zur Last.

Damit zu 3 FG. Die Zahlen waren: 3 – 6 – 5 – 2 = 16 = 7. Die Figurine: »Illusion«.

⊖
3 FG ⊖ ⊖ QS 7
⊖
⊖ ⊖
Höhe: Illusion

⊖ ⊖
2 FG ⊖ QS 4
⊖ ⊖
⊖ ⊖
Aufstieg: Rot

⊖ ⊖
1 FG ⊖ ⊖ QS 4
⊖
⊖
Ich: Großes Glück

Die Höhe ist also – auf der bisherigen Basis – eine Illusion. Hier wird die Frage nach der Berufung gestellt, auch die Frage nach der Umkehr, denn die Zahl Sieben weist auf das Uranische hin. Die Leistungssportlerin war längst zu dem gleichen Ergebnis gekommen. Immer häufiger zweifelte sie daran, ob ihr Leben so weitergehen sollte. Zwei Meniskusoperationen und Rückenschmerzen mahnten sie. Aber was hatte sie anderes gelernt? Fast drei Jahrzehnte ihres Lebens waren herum, was sollte denn noch kommen, wenn nichts Neues?

Die vier Zahlen für die 4 FG »Erkenntnis« waren: 1 – 3 – 4 – 1 = 9. Die Figurine: »Wurzel«.

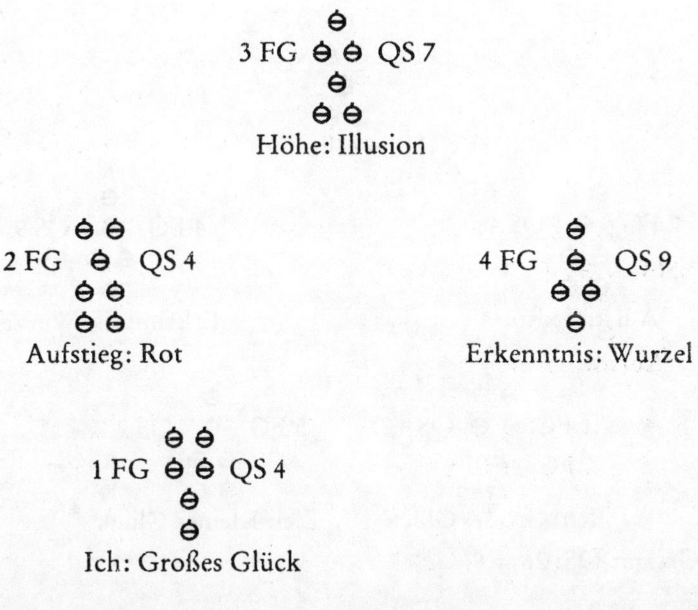

Die Wandlung über die Figurinen ist enorm. Vom großen Glück zum leidenschaftlichen Aufstieg, aber die Höhe erweist sich als Illusion. Dann kommt die Erkenntnis 4 FG, und wir finden die Wurzel. Das bedeutet, daß die Leistungssportlerin bei dem Punkt angelangt war, sich über Herkunft und Grundaufgabe Gedanken zu machen. Aber bei der Quersumme neun ging es auch um den Lebensinstinkt und vielleicht auch darum, Enttäuschungen zu verarbeiten! Nun wurden die Zahlen für das Ziel erfragt. Es waren: 5 – 3 – 8 – 4 = 20 = 2. Die Figurine: »Kleines Glück«.

Das Gesamtbild

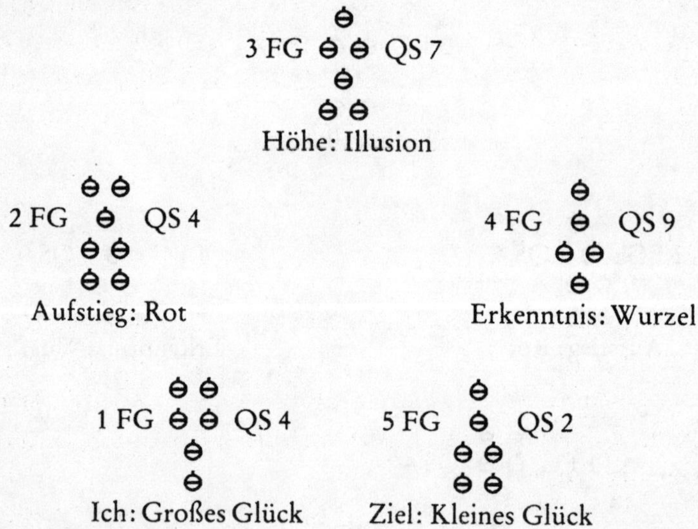

Gesamt-QS: 26 = 8.

Das war das Gesamtbild. Der Kreis hatte sich nun geschlossen.

Das Ziel ist das kleine Glück, also die Harmonie aus der Seele. Das Glück aus der Tiefe. Wenn wir das Gesamtbild betrachten, ist die Verführung, dem großen Glück nach außen nachzujagen, sicher verlockend, aber Erfüllung bringt es nicht. Das Gleichgewicht im kleinen Glück zu finden erfordert neben dem Aufbringen von viel Geduld auch innere Bescheidenheit, aber das waren nach dem Erstellen dieses Bildes für die Ratsuchende keine Fremdwörter mehr.

Hinzu kam, daß die Gesamtquersumme die Acht war, also die gebende und später nehmende Liebe wichtig wurde. Es dauerte eine gewisse Zeit, ehe das Ziel schließlich erreicht wurde. Aber es gelang. Die Leistungssportlerin wandte sich der »im stillen« arbeitenden Sportmedizin zu.

Das Leben leben

Zum Berater kam eine Frau, die nahezu ihr halbes Leben hinter sich hatte. Neugier trieb sie, ob man durch die Punktierkunst auch erfahren könne, was bisher gewesen war, und welche Konsequenz man daraus ziehen solle.

Sie wollte von Anfang an das Leben nur genießen. Nicht mehr und nicht weniger. Eine feste Arbeit? Wozu? Ich finde immer etwas, wo ich einspringen und meinen Unterhalt verdienen kann. Ein Ziel? Wozu? Das Leben ist für ein wirkliches Ziel viel zu kurz. Eine Aufgabe? Für wen? Ich brauche keine Aufgabe.

Ute war früh aus dem Elternhaus weggegangen, und die Eltern haben sie weder gesucht noch suchen lassen. Irgendwie ging auch alles gut. Sie kam bei Freunden, Bekannten oder sonstwo unter, und was sie zum Leben brauchte, das konnte sie verdienen. Viele Chefs, bei denen sie aushalf, wollten sie fest einstellen, aber so ein Angebot war für Ute spätestens das Zeichen zu gehen. Vieles mochte sie, aber eines haßte sie: Fesseln, die sie an etwas festklammerten.

Die Zahlen für 1 FG, das Ich: 12 – 13 – 16 – 11 = 52 = 7. Die Figurine: »Umkehr«.

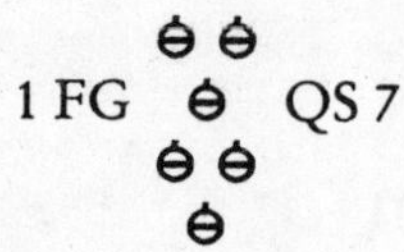

Ich: Umkehr

Die Figurine »Umkehr« spiegelt das Chaos, das in Ute lebte, deutlich wider. Da war wirklich immer nur das Neue interessant, und ebenso schnell wurde das Neue zur Langeweile. Dann hielt es Ute nie lange an einem Ort. Depressionen kamen nur auf, wenn das Wetter schlecht war. Sofort nahm sie ihre bescheidene Habe und trampte gen Süden in die Sonne, in die Wärme. Aber auch die Sonne wurde zur Gewohnheit, und sie fuhr, meist per Anhalter, in den kalten Norden zurück. Unterwegs machte sie stets Rast. Sie blieb für einige Wochen in der Plaka Athens oder tauchte im Treiben um den Montmartre unter. Sie sang gerne, schloß sich Chören an und lebte in den Tag hinein.

Und Glück hatte sie auch! Sie wurde nie krank und schob dies auf ihre Art, die Tage zu genießen; sie fühlte sich glücklich. Oder redete sie sich das nur ein?

Die Uranuszahl Sieben als Quersumme der ersten Figurine verdoppelte nur noch diesen ungestümen, rastlosen Lebensdrang. Aber wo gab es dort einen »Aufstieg«? Die Zahlen dafür waren: 3 – 4 – 6 – 8 = 21 = 3. Die Figurine: »Freude«.

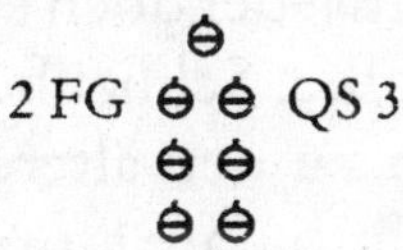

Aufstieg: Freude

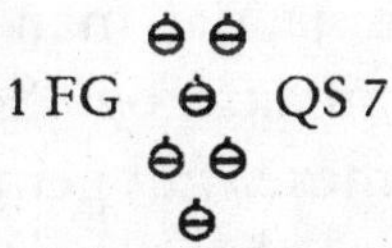

Ich: Umkehr

Die Freude, die Ute erlebte, schien ihr wirklich zu genügen. Von einem Aufstieg war zwar keine Rede, aber Aufstieg bedeutete für sie einfach Lebensfreude. Die Marszahl Drei unterstrich dieses zusätzlich.

Mit starkem Willen ging sie ihrer höchst individuellen Lebensauffassung nach. Sie ließ sich nicht beirren. Sie freute sich über die vielen Eindrücke, die sie gewann, war glücklich, soviel von der Welt zu sehen, und höchst zufrieden, sich mit wenig Geld soviel leisten zu können. Das Leben war ihr eine große Freude, sie kam gar nicht auf den Gedanken zu trauern. Vielleicht hing sie der Illusion nach, daß alles so bliebe, daß sie niemals mit ernsthaften Widrigkeiten konfrontiert werden würde.

Eines allerdings machte sie stutzig: die Tatsache, daß immer mehr von den Freunden, die sie regelmäßig auf ihren Reisen traf, sich von dem Aussteigerleben verabschiedeten. Irgendwann hörte sie im Kreise von Esoterikern den Satz, daß jeder doch ein Ziel haben und dem nachstreben sollte. Schließlich registrierte sie, daß sie so langsam zu den älteren Aussteigern gehörte, sogar als »Mutti« angesprochen wurde, und sie erlebte, daß es auch in diesen Kreisen Vorurteile gab, ja, daß man sich von ihr des Alters wegen etwas zurückzog. Schön, für Ratschläge war sie noch immer gut genug, aber ansonsten ließ man sie ziemlich links liegen. So nahm langsam die Lebensfreude doch etwas ab. Sie schloß sich nun gewissen Zirkeln an, lernte esoterische Disziplinen, um mitreden zu können. Aber die Überzeugung, daß alles nach dem ureigenen Wunsch ginge (1 FG Umkehr), schwand.

Die Frage nach der »Höhe« beantworteten folgende Zahlen: 10 – 3 – 12 – 20 = 45 = 9. Die Figurine: »Rot«.

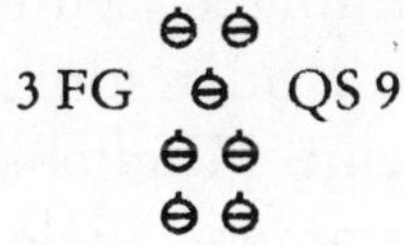

Höhe: Rot

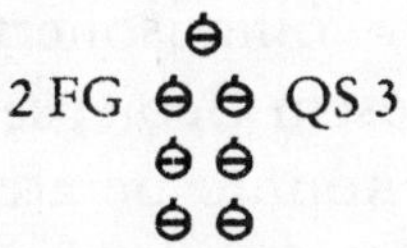

Aufstieg: Freude

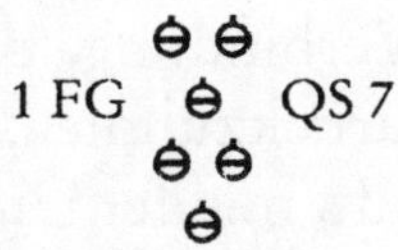

Ich: Umkehr

Höhe: Rot zeigt an, daß die Leidenschaft – die ja doch in Ute lebte – umgelenkt werden mußte. Ein Ziel – noch egal welches – kann nur anvisiert werden, wenn mit der gleichen Leidenschaft, mit der Ute bisher ihr Leben gestaltete, neue Aufgaben gefunden werden. Da die Ferne sie stets lockte (und diese Figurine die Angst symbolisierte, im Konservativen zu ersticken), kam Ute auf den Gedanken, sich in der Fremde um diejenigen zu kümmern, die zwar »aussteigen« wollten, aber nicht die Kraft hatten, dies auch zu verwirklichen. Sie hatte sehr viele junge Menschen getroffen, die zwar die Sehnsucht nach einem ungezwungenen Leben in sich spürten, dieses aber dann nicht bewältigten. Die Folge war, daß die jungen Leute irgendwo in Florenz, Madrid, Sevilla oder sonstwo mittellos hängenblieben und keine Möglichkeit mehr fanden, nach Hause zu kommen. Viele wurden dann zu Drogen verführt und waren damit in eine Abhängigkeit geraten, die sie menschlich völlig isolierte. Hier nun fand Ute, die doch auf diesem Gebiet sehr erfahren war, ihre Aufgabe. Sie konnte beraten, wußte Wege, um diese Gescheiterten nach Hause zu bekommen. Meist setzte sie sich mit den Eltern dieser jungen Menschen in Verbindung, die auch oft kamen, um ihre Kinder zurückzuholen.

Mit der gleichen Leidenschaft, mit der Ute bisher nur an sich gedacht hatte, kämpfte sie jetzt um das Wohl derer, die zu einem Vagabundenleben einfach nicht fähig waren. Bald sprach sich ihre Hilfe herum, und sie brauchte gar nicht mehr zu schauen, wo gestrandete junge Menschen hilflos herumlagen. Sie fanden wie von selbst in ihrer letzten Not zu ihr. So langsam wurde fast eine (ungeordnete, aber funktionierende) Organisation aus der ganzen Sache, Ute kümmerte sich vorwiegend um diejenigen, die in Andalusien ihren Halt verloren hatten. Sie arbeitete mit Caritasverbänden und anderen

Hilfsorganisationen zusammen und war bald so eingespannt, daß sie ihr Leben überhaupt nicht mehr wiedererkannte. Aber – siehe da – auch dieses Leben brachte ihr viele Freunde und Freude.

Die Frage nach der Erkenntnis beantworteten folgende Zahlen: 7 – 5 – 7 – 4 = 23 = 5. Die Figurine: »Drachenschwanz«.

⊖ ⊖
3 FG ⊖ QS 9
⊖ ⊖
⊖ ⊖
Höhe: Rot

⊖
2 FG ⊖ ⊖ QS 3
⊖ ⊖
⊖ ⊖
Aufstieg: Freude

⊖
4 FG ⊖ QS 5
⊖
⊖ ⊖
Erkenntnis: Drachenschwanz

⊖ ⊖
1 FG ⊖ QS 7
⊖ ⊖
⊖
Ich: Umkehr

Der »Drachenschwanz« gibt Hinweise auf neu erwachende Hoffnung nach langer Durststrecke oder Illusionen. Utes Arbeit wurde von vielen ihrer einstigen Bekannten als unmöglich angesehen. Aber sie selbst erkannte, daß das Leben sie bei aller äußeren Zwanglosigkeit unfrei gemacht hatte. So kam sie zu einer freiwilligen Beschränkung ihres Unabhängigkeitsdrangs. Dazu benötigte sie den Einsatz aller ihr verbliebenen Kräfte. Die Saturnzahl Fünf unterstreicht dies auf eindeutige Weise.

Nun ging es nur noch um das Ziel. Dazu fielen folgende Zahlen: 8 – 2 – 10 – 4 = 24 = 6. Die Figurine: »Publikum«.

Das Schlußbild sah daher wie folgt aus:

Das Gesamtbild

⊖ ⊖
3 FG ⊖ QS 9
⊖ ⊖
⊖ ⊖
Höhe: Rot

⊖
2 FG ⊖ ⊖ QS 3
⊖ ⊖
⊖ ⊖
Aufstieg: Freude

⊖
4 FG ⊖ QS 5
⊖
⊖ ⊖
Erkenntnis: Drachenschwanz

⊖ ⊖
1 FG ⊖ QS 7
⊖ ⊖
⊖ ⊖
Ich: Umkehr

⊖ ⊖
5 FG ⊖ ⊖ QS 6
⊖ ⊖
⊖ ⊖
Ziel: Publikum

Gesamt-QS: 30 = 3.

Die Figurine »Publikum« zeigt nun, daß Ute am Ziel alle Möglichkeiten hat. Sie kann jetzt – mit einer Aufgabe – die gleichen Wege gehen, die sie bisher – aber ohne Sinn – gehen wollte. Am Ende bedeutet die Figurine »Publikum«, daß sie doch ihren Kreis finden kann. Die Quersumme sechs zeigt an, daß dies realistisch zu erfolgen hat, da die Merkurzahl darauf hinweist, daß Ute pragmatisch vorgehen muß.

Es erscheint dabei noch nicht einmal so schwierig, die 1 FG mit der 5 FG zu verbinden. Die Umkehr des Ichs erfolgt ja im Grunde nur, um sich viele Wege aufzuschließen, um an sein eigenes Publikum heranzukommen. Sicher besteht auch jetzt noch – am Ziel – die Gefahr, sich zwischen zwei Stühle zu setzen. Ute muß also wissen, daß sie »rückfällig« werden kann. Auf dieses Wissen kommt es an. Denn setzt sie sich zwischen zwei Stühle, will es also allen recht machen, wird ihr Ich vielleicht wieder umstürzen. Am Ziel sein bedeutet noch lange nicht, am Ende seines Weges zu sein. Aber die Warnung steht im Raum, wenn eine Gefahr bewußtgemacht worden ist, dann ist sie in der Regel auch schon gebannt. Die Forderungen sind groß und sicher nicht leicht erfüllbar. Die Gesamtquersumme drei bestätigt dies alles. Die Energie, der Antrieb werden immer gebraucht.

Nachdem so mit dem Nachvollziehen ihres bisherigen Lebens die einzelnen Stationen recht gut aufgeschlüsselt waren, dachte Ute lange über diese Orakelart nach. Sie war von Anfang an mehr neugierig als ernsthaft interessiert gewesen, aber irgendwie schien sie doch beeindruckt. Denn dieses Orakel und die dazu gelieferte Interpretation berührten sie und kamen ihrem Denken recht nahe.

Auf bürgerliche Moralpredigten hätte sie nicht gehört, aber so ein Orakelspiel, das machte ihr Freude. Beim Abschied meinte sie: »Ich werde versuchen, mir das Wissen um die arabische Kunst des Orakels anzueignen, um es in der Praxis bei anderen auszuprobieren. Wenn es bei anderen klappt, dann will ich es auch bei mir akzeptieren.«

Die Umkehr des Ichs war immer noch nicht ganz abgeschlossen.

Das Gleichgewicht kann man auch über die Quersumme von 1 FG (7) und 5 FG (6) finden. Das wäre hier die 13 = 4, die Jupiterzahl der Entfaltung. Diese muß über die Auseinandersetzung der Nächstenhilfe (Publikum) mit der steten inneren Unruhe (Umkehr) gewonnen werden.

11

Das Partnerorakel

Eine besondere Art der orientalischen Orakel- (oder Punktier-)Kunst ist das Partnerorakel, das von einer oder von zwei Personen gespielt werden kann. Diese Orakelart zielt nicht nur auf intime Partnerschaften, sondern auch auf Freundschaften, Geschäftsabschlüsse zwischen Interessenten oder irgendwelche anderen Verbindungen zwischen zwei Menschen.

Benötigt werden fünf Figurinen. Das Schema stellen wir hier vor.

4 FG Was bindet

1 FG Das Ich
(Die/der Fragende)

2 FG Das Du
(Die Partnerergänzung)

3 FG Was trennt

5 FG Der Joker

1 FG ist die/derjenige, der nach der Partnerschaft fragt.

2 FG ist diejenige Person, um die es geht, ob privat oder geschäftlich.

3 FG ist das, was zwischen der Partnerschaft stehen kann.
4 FG symbolisiert, was bindet.
5 FG ist der Joker, das Unerklärliche (wie Liebe oder anderes), was letztlich entscheidet, und zwar in bindender wie in trennender Weise.

Die zweite Ehe

Carmen und Thomas kannten sich über zwanzig Jahre. Sehr früh wurden sie ein Liebespaar, aber sie wagten es nicht, sich gegenseitig das Wort fürs Leben zu geben. So gingen sie nach drei Jahren auseinander. Beide heirateten: Carmen einen Kaufmann, Thomas eine Bankangestellte. Doch beider Ehen gingen schief. Nachdem sie sich wiedergetroffen hatten, entwickelte sich zwar erneut ein nahes und intimes Verhältnis, aber nun hatten beide noch mehr Angst vor einer festen Bindung als früher. Das war die Situation, als beide gemeinsam die orientalische Wahrsagekunst befragten.

Thomas gab den Impuls, seine Zahlen für 1 FG lauteten: 8 – 12 – 3 – 5 = 28 = 10 = 1. Die Figurine: »Großes Glück«.

⊖ ⊖
1 FG ⊖ ⊖ QS 1
⊖
⊖

Ich: Großes Glück

Diese Figurine macht deutlich, daß Thomas auf der Suche nach dem großen Glück war. Für einen Mann Anfang Vierzig mag dies im Grunde etwas illusionär sein, aber der »ewige Kinderwunsch« (wie Thomas es ausdrückte) hielt immer noch an. Die Zahl Eins verdeutlicht als Sonnenzahl, daß Thomas dies wirklich als Herzenswunsch empfindet. Er sagte noch, jetzt würde er sehr viel mehr wagen als vor zwanzig Jahren.

Carmen hörte dies mit Freude, aber sie war mit ihrer gescheiterten Ehe noch nicht fertig geworden, so war sie die Zögernde. Schließlich wählte sie die Zahlen für das Du, für 2 FG.

Die Zahlen lauteten: 7 – 14 – 16 – 3 = 40 = 4. Die Figurine: »Gefangenschaft«.

1 FG 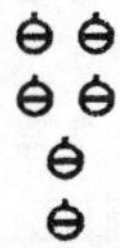 QS 1

Ich: Großes Glück

2 FG  QS 4

Du: Gefangenschaft

Die Figurine »Gefangenschaft« besagt deutlich, daß Carmen immer noch in der alten Bindung gefangen war. Auf keinen Fall fühlte sie sich frei für eine neue feste Bindung.

Allerdings zeigt die Jupiterzahl Vier, daß sie sich neu entfalten will. Der Sinn einer Partnerschaft ist ihr wichtig. Da war es sicher nicht ausreichend, wenn Thomas vordergründig das große Glück suchte. Carmen wollte immer mehr.

Beide verstanden sofort, was diese Figurine ihnen zu sagen hatte, und Thomas versicherte vehement, daß er selbstverständlich das große Glück für beide suche.

Es wurde darauf aufmerksam gemacht, daß die Zahl Eins, die auch als Ichzahl gilt, dies nicht gerade bestätigen würde. Er meinte nur: »Das alles wird sich doch wie von selbst entwickeln!« Carmen blieb skeptisch, wollte aber nicht darüber sprechen, warum ihre erste Bindung gescheitert war. Aber da beide nun schon einmal da waren, sollte die Orakelbefragung der Partnerschaft weitergeführt werden. Nun kann man entscheiden, was zuerst gewählt wird: Das, was bindet, oder das, was trennt. Meist wollen die Ratsuchenden zunächst erfragen, was trennt.

Carmen wählte dazu folgende Zahlen: 2 – 8 – 12 – 16 = 38 = 11 = 2. Die Figurine: »Publikum«.

⊖ ⊖
1 FG ⊖ ⊖ QS 1
⊖
⊖
Ich: Großes Glück

⊖
2 FG ⊖ ⊖ QS 4
⊖ ⊖
⊖
Du: Gefangenschaft

⊖ ⊖
3 FG ⊖ ⊖ QS 2
⊖ ⊖
⊖ ⊖
Was trennt: Publikum

Hier muß die Figurine »Publikum« als zwei Wege gedeutet werden. Carmen war skeptisch, ob ihre Wege zueinanderführen konnten, da beide ja verschiedene Wege gegangen waren. Auch hatte jeder sein Publikum, seine Freunde, seine individuellen Interessen. Zwar zeigt ihre Quersummenzahl Zwei an, daß sie sich seelisch sehr nach einer neuen Bindung sehnt, denn die Zwei ist ja die Mondzahl, aber die Angst, daß es nun zu spät sei, zwei verschiedene Wege zu einem Weg zusammenzuführen, die saß doch recht tief in Carmen fest. Für sie schien die seelische Bindung äußerst wichtig. Thomas stimmte dem bedingt zu. Auch er hatte ja seinen sehr individuellen Weg hinter sich, aber er war überzeugt, daß alles zu meistern sei. Er wollte auch gar nicht soviel von dem, was trennt, hören. Viel eher verlangte er zu wissen, was denn nun bindet?

So wählte er die Zahlen aus. Die lauteten: 24 – 6 – 7 – 4 = 41 = 5. Die Figurine: »Weiß«.

Die Figurine ist im tiefsten die Figurine der Liebe. Die Liebe also bindet. Hier ist die Sehnsucht nach Licht unverkennbar.

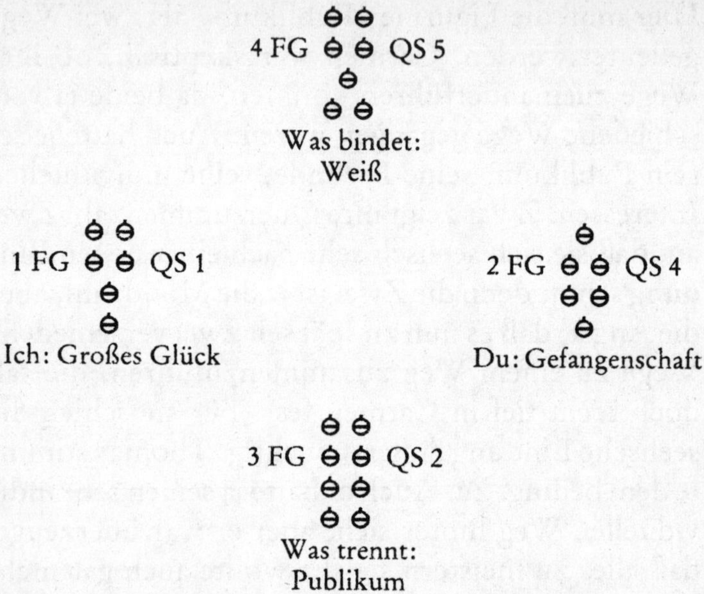

Weil dies beide bindet, kann durchaus davon ausgegangen werden, daß die Partnerschaft – solange die Liebe bestehen bleibt – beide trägt. Dies wird durch die Saturnzahl Fünf unterstrichen. Diese Zahl steht ebenfalls für die Treue, für die Beständigkeit und damit in diesem Fall auch für die Bindung von Thomas und Carmen. Die Chancen für eine feste, dauerhafte Partnerschaft ständen also gut. Nun kann – muß nicht – der Joker gezogen werden. Carmen und Thomas wollten beide spontan den Joker haben, so nannten beide – abwechselnd – die Zahlen: 3 – 6 – 8 – 10 = 27 = 9. Die Figurine: »Freude«.

Das Gesamtbild

⊖ ⊖
4 FG ⊖ ⊖ QS 5
⊖
⊖ ⊖
Was bindet:
Weiß

⊖ ⊖
1 FG ⊖ ⊖ QS 1
⊖
⊖
Ich: Großes Glück

⊖
2 FG ⊖ ⊖ QS 4
⊖ ⊖
⊖
Du: Gefangenschaft

⊖ ⊖
3 FG ⊖ ⊖ QS 2
⊖ ⊖
⊖ ⊖
Was trennt:
Publikum

⊖
5 FG ⊖ ⊖ QS 9
⊖ ⊖
⊖ ⊖
Joker: Freude

Gesamt-QS: 21 = 3.

Der Joker hieß »Freude«, womit das Orakel seinen Segen zur neuen Bindung gab. Die Instinktzahl des Neptun, die Neun, zeigte auf, daß hier wohl der gesunde Instinkt die Vereinigung begrüßen würde. Carmen und Thomas nahmen das »Urteil« des Punktierorakels an, und sie waren entschlossen, ihren Lebensweg gemeinsam fortzusetzen, indem sie sich auf das Wagnis einer zweiten Ehe einließen.

Die Gesamtquersumme drei zeigt an, daß die notwendige Energie zur Verfügung steht. Aber gewisse Auseinandersetzungen kleinerer und größerer Art scheinen doch vorprogrammiert!

Eröffnung einer Boutique

Karla war Chefsekretärin, und sie wurde als erste Arbeitskraft sehr geschätzt. Aber nun ging ihr Direktor in Pension. So war auf einmal eine ungewisse Zukunft da. Zwar stand fest, daß sie nicht mehr entlassen werden konnte, aber sie wußte nicht, ob der neue Direktor sie übernehmen würde, und wenn, wie er zu ihr stünde! Da kam ihr der Gedanke, sich selbständig zu machen. Sie studierte Geschäftsanzeigen und fand schließlich eine Anzeige, daß eine französische Firma in verschiedenen deutschen Städten eine exklusive Boutique aufmachen wollte, wozu Leiterinnen (ohne großen Kapitaleinsatz) gesucht wurden.

Sie schrieb an die Kontaktadresse und bekam prompt die Antwort, daß man sich für sie interessiere. Gleichzeitig schickte man ihr die Geschäftsunterlagen zu, und – das wunderte sie sehr – bereits eine Vertragsausfertigung. Letzteres machte sie sehr stutzig, und sie wollte sich erst einmal über diese Firma erkundigen. Neben geschäftlichen Nachfragen bot sich da das Partnerorakel an. Zunächst ging es um das Ich. Die Zahlen: 7 – 14 – 5 – 6 = 32 = 5. Die Figurine: »Illusion«.

1 FG  QS 5

Ich: Illusion

Die Frage war: Machte sich Karla als Ratsuchende Illusionen, denn die Firma ist bei dem »Ich« noch nicht gefragt. Die Saturnzahl Fünf jedoch signalisiert eine gewisse Nüchternheit und Vorsicht. Karla durfte sich also keinen Illusionen hingeben – auch nicht im Betrieb. Und sie mußte darauf achten, nicht etwa in einer Art Fluchtversuch zu schnell irgendwo Geld zu investieren.

Nun wurde nach dem Du, der Firma, gefragt. Die Zahlen: 3 – 5 – 6 – 7 = 21 = 3. Die Figurine: »Wurzel«.

1 FG  QS 5

Ich: Illusion

2 FG  QS 3

Du: Wurzel

Das »Du« sah schon besser aus. Es schien so, als wäre die Firma in sich sehr stabil, ruhte also auf guten »Wurzeln«. Als wäre auch die Kraft da, Karla eine gewisse gesunde Verwurzelung zu geben. Die Marszahl Drei symbolisiert jedoch einen Ehrgeiz, der nicht zu unterschätzen ist. Die Bedeutung für Karla: Sie müßte sich noch einmal im Leben mit Leib und Seele engagieren. Es ging um die Prüfung, ob sie für das Erringen eines Zieles noch einmal alle Kräfte mobilisieren wollte und könnte. Ein volles Engagement war also gefragt. Mars will auch schnelle Entschlußfreudigkeit, also dürfte es kein langes Zögern bei Karlas Entscheidung geben. Dies paßte ihr nun überhaupt nicht. Sie wollte – wie sie sagte – nichts übers Knie brechen. Sie hatte die Erfahrung gemacht, daß alles seine Zeit brauchte. Nach diesen Auskünften ging es Karla einfach zu schnell, und sie hoffte eigentlich nun Trennendes zu finden. Dazu wurden die Zahlen gewählt: 16 – 1 – 8 – 8 = 33 = 6. Die Figurine: »Rot«.

1 FG  QS 5

Ich: Illusion

2 FG  QS 3

Du: Wurzel

3 FG 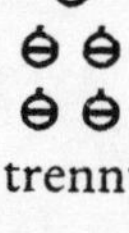 QS 6

Was trennt: Rot

Es ist das Tempo der Firma oder auch ehrgeizige Leidenschaft, die trennen könnten. Andererseits könnte Karla ja von dem inneren Marsfeuer mitgerissen werden. Nur so ein tolles inneres Temperament kann Hemmnisse und Hindernisse überwinden. Die Merkurzahl Sechs mahnt ja, dieses innere Feuer sehr pragmatisch anzuwenden, und dies würde Karla wiederum liegen. Natürlich ist nicht zu leugnen, daß bei einer großen Expansion auch Gefahren drohen. Je größer das Risiko, desto größer aber auch die Chancen (oder umgekehrt).

Karla hat andererseits nicht mehr soviel Zeit! Sie muß sich an jemanden binden, der mit allem Risiko seine Geschäfte abwickelt. Sie muß eben nur aufpassen, daß nicht sinnlos Volldampf gegeben wird, sondern eine gewisse Lenkung durch den Verstand einplanen, was die Merkurzahl Sechs deutlich signalisiert. So spricht im Trennenden auch viel für eine positive Reaktion, und es kommt darauf an, wie sich das »Bindende« auswirken könnte. Zögernd nannte sie folgende Zahlen: 18 – 22 – 3 – 7 = 50 = 5. Die Figurine: »Großes Glück«.

⊖ ⊖
4 FG ⊖ ⊖ QS 5
⊖
⊖

Was bindet: Großes Glück

⊖
1 FG ⊖ ⊖ QS 5
⊖
⊖ ⊖

Ich: Illusion

⊖
2 FG ⊖ QS 3
⊖ ⊖
⊖

Du: Wurzel

⊖ ⊖
3 FG ⊖ QS 6
⊖ ⊖
⊖ ⊖

Was trennt: Rot

Unter dem Stichwort »Was bindet« muß hier wohl der gemeinsame Erfolg gesehen werden. Die Schwierigkeiten aber beginnen erst, wenn es nicht so gut läuft wie erwartet. Immerhin scheint ein großer Erfolg durchaus möglich zu sein. Damit war die Skepsis von Karla zwar etwas besänftigt, aber noch lange nicht beseitigt. Sie besaß Lebenserfahrung, und sie wußte, daß ein Erfolg nie so schnell zur Höhe führt wie ein Mißerfolg zum Sturz. Auch warnte sie die Saturnzahl, die Fünf, denn sie zeigt ja nur im beschränkten Maß das große Glück an. Hier hieß es also, sich sehr wachsam zu verhalten. Aber noch stand ja der Joker zur Verfügung, der die Antwort geben sollte!

Die Zahlen für 5 FG, den Joker: 9 – 11 – 5 – 8 = 33 = 6. Die Figurine: »Drachenschwanz«.

Das Gesamtbild

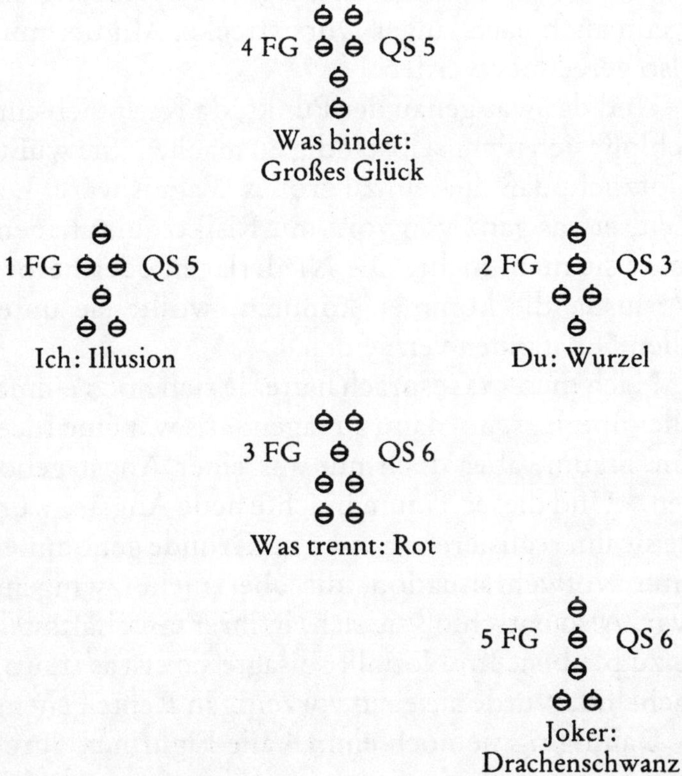

Gesamt-QS: 25 = 7.

So schaut also das Gesamtbild aus.

Was sagt uns der Joker in diesem Fall? (Man hätte ihn auch weglassen können; ist er aber gewählt, muß er gedeutet werden.)

Zwar haben wir hier die Merkurzahl Sechs, die realistisches Handeln und Denken symbolisiert, aber der Drachenschwanz sagt, daß die Zeit der Dunkelheit vorbei ist! Er zeigt die Hoffnung an, wenn auch nach langer Durststrecke. Mit der muß also gerechnet werden.

Und das war genau der Punkt, da Karla sich entschloß, sich nicht selbständig zu machen. Sie wußte plötzlich, daß dies ein zu großes Wagnis wäre. Die Zeit, etwas ganz von vorn mit Risiko aufzubauen, hatte sie nicht mehr. Die Niederlagen oder herben Verluste, die kommen könnten, wollte sie unter allen Umständen vermeiden.

Nach diesem Gespräch hatte sie sich noch einmal alles überlegt, um dann zu sagen: »Es war eine Idee, ein Traum, aber doch nur aus einer Angst geboren.« Und dieser Traum brächte neue Ängste, würde sie ihn realisieren. Es war im Grunde genommen eine Notwehrsituation, die aber nicht zwingend war. Also entschloß sie sich, in ihrer Geschäftsstelle zu bleiben. Im Notfall, so sagte sie etwas traurig lächelnd, würde sie eben vorzeitig in Rente gehen.

Dann ging sie noch einmal alle Figurinen durch und meinte: »Für meine jetzige Situation paßt dieses Orakel ja viel besser. Geht mein Chef in Pension, darf ich mir keine Illusionen machen, ich werde so gut wie neu in meiner Firma anfangen müssen. Es wird Schwierigkeiten geben, aber die Bindung mit der Firma ist mein großes Glück.«

So hatte sie – was der Drachenschwanz auch symbolisiert – wieder zu ihrem Licht gefunden.

Die Gesamtquersumme sieben zeigt auch, daß der Weg in eine neue Zukunft durchaus nicht versperrt ist.

Die Erbschaft

Zwei Schwestern, Jutta und Hanna, hatten geerbt. Im Testament stand, sie sollten eine Erbengemeinschaft bilden, aber da eine der anderen (und umgekehrt) nicht traute, beschlossen sie, das Erbe zu teilen, das in der Hauptsache aus zwei Häusern bestand, deren Wert als Immobilien jedoch sehr unterschiedlich ausfiel. Bisher hatten sich die Schwestern nicht einmal so schlecht verstanden, aber das Geld oder der Geldwert drohte nun die Beziehung zu vergiften.

Jutta wie Hanna litten sehr unter diesem Problem, das die Erbschaft aufgeworfen hatte, und sie suchten auf vielerlei Wegen nach einer Lösung. So kamen sie auch zur Beratung über die orientalische Wahrsagekunst.

Hanna war die etwas Aktivere. Sie begann. Ihre Zahlen: 4 – 5 – 9 – 2. Das ergab die Quersumme 20 = 2. Die Figurine: »Vereinigung«.

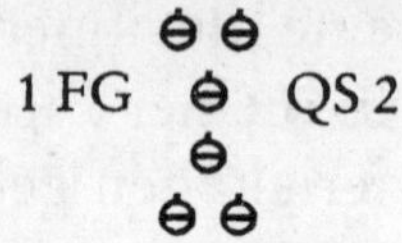

Ich: Vereinigung

Sinnigerweise hieß diese Figurine »Vereinigung«, was hier bedeutet, daß Hanna wohl im tiefsten doch für eine Gemeinschaft wäre. Voraussetzung ist jedoch, daß sie auf eine gute Partnerschaft hinarbeitet. Die Mondzahl Zwei bestätigt überdies, daß das seelische Bedürfnis ebenfalls für eine Gemeinsamkeit eintreten würde. Im Wege stand das tiefe Mißtrauen, das aber mehr auf Unerfahrenheit beruhte, denn beide Schwestern hatten nicht gelernt, mit Geld umzugehen.

Nun war Jutta an der Reihe, die Zahlen für das Du auszuwählen. Die Zahlen waren: 13 – 5 – 34 – 1 = 53 = 8. Die Figurine: »Wurzel«.

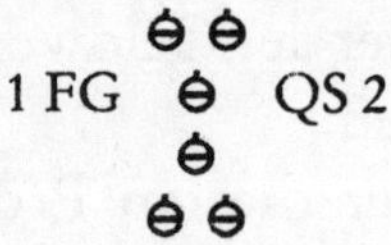

Ich: Vereinigung

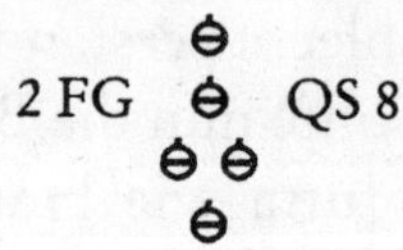

Du: Wurzel

Beim Nennen des Namens dieser 2 FG dachte Jutta sofort an die Familienverbundenheit. Sie erinnerte sich, daß ihre Eltern sehr stolz auf die Häuser gewesen waren, und so meinte sie spontan, Aufteilen und Verkaufen wären wohl nicht das Richtige.

Durch die Quersummenzahl Acht (die Venuszahl) fühlte sich Jutta noch deutlicher bestätigt. Aber die Figurine »Wurzel« wendet sich auch gegen das Mißtrauen. Treue um Treue wird hier wichtig, ein Handschlag hat zu reichen, wenn man – mit wem auch immer – gemeinsam arbeitet. Ebenso spielt die Familienherkunft bei einer Erbschaft eine wichtige Rolle. Andererseits zeigt diese Figurine auch Vertrauen in die eigene Kraft an.

Hier schien also das Problem schon durch die ersten beiden Figurinen recht glücklich gelöst, aber beide Schwestern waren skeptisch und fragten nach dem, was sie trennen könnte. Sie beschlossen, die Zahlen für 3 FG abwechselnd zu wählen: Hanna die erste und dritte Zahl, Jutta die zweite und die vierte Zahl. Heraus kamen folgende Zahlen: 12 – 3 – 16 – 5 = 36 = 9. Die Figurine hieß »Umkehr«.

Sehen wir uns nun dieses Bild an.

1 FG  QS 2

Ich: Vereinigung

2 FG  QS 8

Du: Wurzel

3 FG 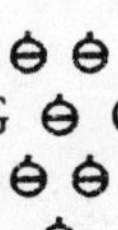 QS 9

Was trennt: Umkehr

Damit war die Gefahr angezeigt. Die Schwestern waren wegen der Zukunft voller Ungewißheit. Beide waren unverheiratet, und jede hatte Angst, daß eine von ihnen einen Mann kennenlernen könnte, der dann in die Erbengemeinschaft eingriffe. Auch könnten künftige Schicksalsschläge alles durcheinanderbringen. Das Mißtrauen war also mehr auf die Zukunft gerichtet, es war für Hanna und Jutta im Moment gar nicht aktuell. Aber eine plötzliche Änderung würde alle guten Vorsätze umwerfen. Das war die Angst. Das Schöne war nun, daß beide Schwestern diese Angst auch zugaben. So ehrlich hatten sie noch nie miteinander gesprochen. Allein das Gespräch über diese Figurine war also sehr aufschlußreich und allgemein klärend. Man konnte sagen: Das Problem war erkannt, war bewußt gemacht, womit man einer Lösung näher kommen konnte.

Selbstverständlich tauchte nun die Frage auf: Was verbindet? Die Zahlen dafür: 11 – 17 – 4 – 17 = 49 = 13 = 4. Die Figurine hieß »Wurzel«.

Das Gesamtbild

Gesamt-QS: 23 = 5.

Die Frage nach dem, was bindet, wurde durch die Figurine »Wurzel« beantwortet: Die Bindung beruhte also auf der gemeinsamen Herkunft, auf dem inneren Erbe und vielleicht auch auf der Liebe zu den verstorbenen Eltern.

Darauf läßt sich nun wirklich eine Erbengemeinschaft aufbauen. Hanna und Jutta verstanden dies auch sofort. Aber wer sollte diese Erbengemeinschaft führen, wer sollte sie nach außen vertreten? Doch das war im Grunde nebensächlich. Der Berater fragte nun nach dem Joker. Sollte er ausgerechnet werden? Die Schwestern überlegten kurz, dann lehnten sie ab. Das gerade gefundene Vertrauen sollte nicht erschüttert werden. Die Gesamtquersumme fünf garantierte ja auch eine Beständigkeit.

Die Scheidung

Sie galten als das ideale Ehepaar. Wenn man jemandem eine dauerhafte, glückliche Ehe zugetraut hatte, dann Inge und Peter. Keiner ihrer Freunde ahnte, daß diese Liebe schon seit einiger Zeit erkaltet war. Inge und Peter wußten es auch nicht. Die beiderseitige Langeweile war das erste, was sie bemerkten, und plötzlich hatte Inge einen Freund und Peter eine Freundin. Aber an eine Scheidung dachten beide immer noch nicht. Sie waren der festen Überzeugung, daß ihre Bindung so einmalig war, daß sie jede Schwierigkeit überwinden würden.

Jedoch Freund und Freundin wurden immer wichtiger, und so erlahmten auch Gespräch und geistige Bindung. In dieser Situation kamen Inge und Peter zum »orientalischen Orakel«.

Inge begann und wählte folgende Zahlen: 16 – 5 – 1 – 5 = 27 = 9. Die Figurine: »Drachenkopf«.

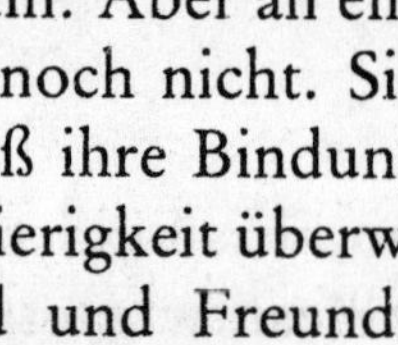

Ich: Drachenkopf

Der Drachenkopf steht für Aggressivität. Auch für das Getriebensein von dämonischen Kräften, von Kräften also, die nicht so leicht mit dem Verstand zu analysieren sind. Hier spielt das Innere, das mit der Vernunft nicht faßbar ist, eine nicht unwichtige Rolle. Es handelt sich um Urkräfte in uns, die uns zu Handlungen verführen, die wir normalerweise nie tun würden.

In den Mythen hieß es einst: »Wer den Drachen besiegt, der besiegt sich selbst.«

Es geht also um den inneren Drachen. Hier scheint im Moment die Angriffslust noch zu groß zu sein, um zu einer lebensentscheidenden neuen Einstellung zu kommen. Spaßfrage: »Wer will mit einem Drachen zusammenleben?«

Im Moment geht es darum, daß Inge sich selbst besiegen muß. Vielleicht braucht sie dazu die Trennung von ihrem Mann oder von ihrem Freund. Noch scheint sie auf keinen von beiden verzichten zu wollen und sich beider Männer so sicher zu sein, daß diese Tatsache ihren Übermut steigert. Die Neptunzahl Neun besagt, daß der Grundlebensinstinkt auch zu Täuschungen und Illusionen führen kann, daß Inge diese Täuschungen aber auch bewußt in Kauf nimmt. Es lebt eine tiefe Unruhe in ihr, die den konventionellen Rahmen sprengt.

Nun wählte Peter die nächsten Zahlen für 2 FG: 6 – 3 – 8 – 2 = 19 = 10 = 1. Die Bezeichnung der Figurine lautete »Rot«.

1 FG  QS 9

Ich: Drachenkopf

2 FG  QS 1

Du: Rot

Das Du zeigt auch eine verzehrende Leidenschaft an, einen neuen Antrieb sowie eine gewisse Unbeherrschtheit. Hier lockt das Abenteuer. Ob aber deswegen wirklich eine Trennung in Kauf genommen wird, das ist eine ganz andere Frage. Peter kann Niederlagen sehr schwer ertragen, deswegen bäumt er sich so auf. Er will wohl letztlich seine Frau wiedererobern.

Die Quersumme eins – die Sonnenzahl – unterstreicht dies recht gut. Es geht um seine Person. Eine Scheidung wäre eine persönliche Demütigung, die Peter nicht ertragen könnte. Nun stemmt er sich mit ganzer Macht gegen diesen Ablauf seiner Ehe, deren Ende er nicht hinnehmen möchte.

Beide wählten abwechselnd die Zahlen für 3 FG aus, für das, was trennend wirkt. Die Zahlen waren: 5 – 12 – 10 – 7 = 34 = 7. Die Figurine: »Gefangenschaft«.

⊖ ⊖
1 FG ⊖ QS 9
⊖
⊖
Ich: Drachenkopf

⊖ ⊖
2 FG ⊖ QS 1
⊖ ⊖
⊖ ⊖
Du: Rot

⊖
3 FG ⊖ ⊖ QS 7
⊖ ⊖
⊖
Was trennt:
Gefangenschaft

Was trennt, ist also die Gefangenschaft in der Ehe. In Inge wie in Peter lebt noch ein Freiheitsdrang, der sich mit einer endgültigen Bindung nicht zufriedengeben wird. Die Uranuszahl Sieben zeigt darüber hinaus die inneren Ausbruchwünsche deutlich an. Vielleicht könnten beide Ehepartner nach einer Art Freiheitspause in der Ehe noch einmal zueinanderfinden, oder das Trennende muß mit gegenseitigem Verständnis überwunden werden. Ob hierfür zum damaligen Zeitpunkt Bereitschaft bestand, war zweifelhaft, aber sicher wichtig festzustellen, was denn nun bindet.

Peter wählte die erste und dritte, Inge die zweite und vierte Zahl. Es waren 1 – 6 – 3 – 7 = 17 = 8. Die Figurine: »Baum«.

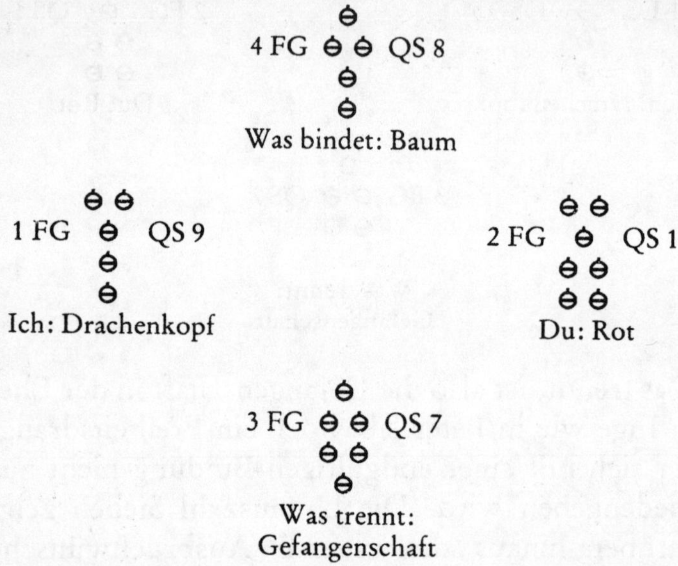

Was bindet? Der Baum gibt die Antwort. Es bindet das gemeinsame Wachstum, der gemeinsame Aufbau einer Existenz. Ist die Existenz jedoch gefestigt, dann entfällt ein gemeinsames Glied aus der bindenden Kette. Auch wächst mancher Baum derart üppig, daß seine Ausbreitung schwer im Griff zu halten ist. Das könnte zwei Menschen durchaus überfordern.

Andererseits zeigt die Venuszahl Acht jedoch an, daß die Liebe eine bedeutende Rolle spielt. Ist diese irgendwie geschwächt, ist sie ohne Leidenschaft, dann zerbricht auch hier ein Glied in der bindenden Kette, die nun zu reißen droht.

Inge und Peter waren nun auf den Joker gespannt. Die Zahlen: 4 – 22 – 6 – 5 = 37 = 10 = 1. Die Figurine: »Trauer«.

Das Gesamtbild

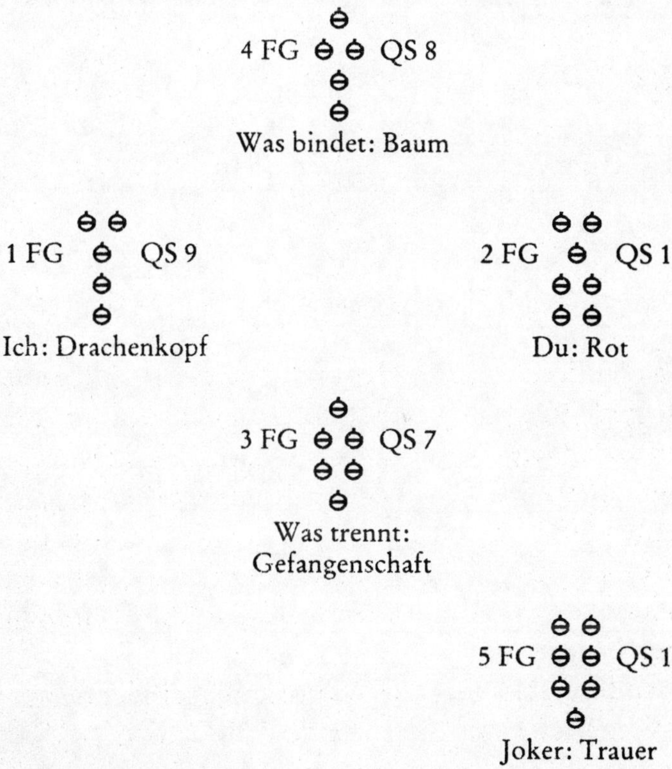

Gesamt-QS: 26 = 8.

Der Joker gab letztlich die entscheidende Antwort: Die Figurine »Trauer« zeigt die kommende Entscheidung zur Scheidung ziemlich deutlich an, und auch die Sonnenzahl Eins belegt, daß nun beide wohl ihren eigenen Weg allein gehen werden. Ein Wunder, die Rettung der Ehe, war kaum mehr zu erwarten.

12

Was heißt eigentlich Wahrsagen?

Wenn man in der Geschichte der Menschheit zurückgeht, stößt man auf Spuren von alten Orakelstätten, findet man Texte, die vom Wahrsagen sprechen, erkennt man die Bemühungen der Menschen, mehr über ihre Zukunft zu erfahren.

Die eigene Zukunft zu erforschen hieß aber bei den alten Priestern, etwas über sich zu erfahren. Die Priester wußten sehr wohl, daß die Zukunft des einzelnen immer vom einzelnen bestimmt wird. Sie kommt nie von außen, sie geht stets aus dem eigenen Inneren hervor. Es gibt einen alten Weisheitsspruch, der lautet: »Die Antwort, die du suchst, ist längst vorhanden – sie ruht in dir!«

Die Menschen suchten stets die Antwort, aber meistens nicht aus ihrer Mitte heraus, sondern mit dem Kopf. Die Überlegenheit der Menschen den anderen Lebewesen gegenüber, denken zu können, einen Verstand zu haben, wurde zum Bumerang. Nun wurde der Kopf maßlos überschätzt, alles mußte vernünftig erklärt werden, aber das Tiefste in uns, die Seele, wurde nicht mehr befragt. Dabei weiß die Seele stets, was kommt. Und darauf beruht das Wahrsagen. Jeder gute Astrologe weiß das, jeder Tarotausleger, jeder Numerologe.

Bei der alten orientalischen Wahrsagekunst, der Punktierkunst, ist es genauso. Während die Ratsuchenden an ihre Frage denken, gibt die Seele mit der Wahl der Zahlen bereits die Antwort. So kommt eine der sechzehn Figurinen heraus. Sicher wird Intuition, also Einfallskraft, benötigt, die zu einer einfühlenden Inspiration führen kann, um die Figurine richtig zu deuten. Aber wenn sich die Berater und Beraterinnen an die Urbedeutung der Figurine halten, müssen sie zur richtigen Interpretation kommen. Meist helfen hier bereits die Ratsuchenden mit. Sie begreifen von der Seele her die Figurinen, die ja auf uralter, erprobter Erfahrung beruhen, und sie verstehen sie auch. Ihre Seele redet mit dem Berater, so daß über ein Gespräch das Wesentliche herausgearbeitet wird.

Wahrsagen heißt: die Wahrheit finden. Was sagt die Seele zu einer Bindung, zu einer Scheidung, zu einem anderen Entschluß, zu einer Ausreise, zu einem wichtigen Vorhaben?

Früher haben Träume die Antwort gegeben, heute bedarf es der Umwege über ein Orakelspiel, das jedoch viel mehr als ein Spiel ist. Wahrsagen hat mit Hellsichtigkeit nichts zu tun, das ist ein völlig anderer Vorgang. Sondern es gleicht einem psychologischen Test, der den Menschen zu eigenen Entscheidungen führt. Nur kommen diese Entscheidungen nicht aus seinem Kopf, sondern aus seiner Mitte. Wahrsagen bedeutet also, die Seele, das Innerste eines Menschen, zu öffnen. Daher wundert es auch kaum, daß früher allein Priesterinnen und Priester unter dem Schutz einer Gottheit für das Wahrsagen verantwortlich waren. Wir sind zwar keine Priester, aber das Bemühen um das Wahrsagen schult uns psychologisch, erweitert unsere Lebenserfahrung und läßt uns so sprechen, daß der gegenübersitzende Mensch sich sofort verstanden fühlt.

Das ist das ganze Geheimnis der Wahrsagung.

Literaturverzeichnis

PAUL DEVEREUX, NIGEL PENNICK: *Leys und Lineare. Rätsel in der Geomantie.* M & T Edition Astroterra, Wetswil 1991.

MARIE-LOUISE VON FRANZ: *Wissen aus der Tiefe.* Über Orakel und Synchronizität. Kösel Verlag, München 1987.

ROLF JEROMIN: *Orakelbuch* (Zusammenstellung). Praesent Verlag Heinz Peter, Gütersloh 1981.

BERND A. MERTZ: *Das I GING der Zahlen.* Goldmann Verlag, München 1990.

BERND A. MERTZ: *Die Weisheit der Zahlen als Lebenshilfe.* Fischer, Münsingen 1991.

BERND A. MERTZ: *Grundwissen der Astrologie.* Persönlichkeit – Lebensplan – Partnerschaft – Zukunft. Ariston Verlag, Genf/München 1990.

BERND A. MERTZ: *Karma in der Astrologie.* Ansata, Interlaken 1984.

BERND A. MERTZ: *Das Handbuch der Astromedizin.* Gesundheit im Horoskop. Ariston Verlag, Genf/München 1991.

BERND A. MERTZ: *Paracelsus und seine Astrologie.* Astrodata, Wetswil 1993.

Bernd A. Mertz: *Die Praxis der Handanalyse.* Eine Methode, um sich und andere zu erkennen. 2. Auflage, Ariston Verlag, Genf/München 1992.

Bernd A. Mertz: *»Die Erde als Ort der Kraft im Sonnensystem und die heilende Kraft der Mythen«.* Im Buch: *Orte der Kraft – Kräfte des Lebens.* Fischer, Münsingen 1991.

Jens Martin Möller: *»Energiezentren in Europa«.* In: *Jahrbuch der Esoterik.* Fischer, Münsingen 1989.

Wulfing von Rohr: *Orte der Kraft – Kräfte des Lebens.* Fischer, Münsingen 1991.

Derek Walters: *Feng Shui.* Edition Astrodata, Wetswil 1992.